AF283401

Competencias digitales en la empresa. ADGG105PO

Natividad García Bravo

Competencias digitales en la empresa. ADGG105PO
© Natividad García Bravo

1ª Edición

© IC Editorial, 2025

Editado por: IC Editorial
c/ Cueva de Viera, 2, Local 3
Centro Negocios CADI
29200 Antequera (Málaga)
Teléfono: 952 70 60 04
Fax: 952 84 55 03
Correo electrónico: iceditorial@iceditorial.com
Internet: www.iceditorial.com

ISBN: 978-84-1184-768-1
Depósito Legal: MA 646-2025

Impresión: PODiPrint
Impreso en Andalucía – España

Nota de la editorial: IC Editorial pertenece a Innovación y Cualificación S. L.

Especialidad formativa

Se entiende por especialidad formativa la agrupación de contenidos, competencias profesionales y especificaciones técnicas que responde a un conjunto de actividades de trabajo enmarcadas en una fase del proceso de producción y con funciones afines.

Las especialidades formativas de Uso General, Formación Complementaria, Formación Modular y las especialidades formativas dirigidas a la obtención de certificados de profesionalidad se incluyen en el Fichero de Especialidades del Servicio Público de Empleo Estatal para su gestión en todo el territorio nacional por cualquier Administración competente.

Las especialidades complementarias, pertenecen todas a la Familia profesional de Formación Complementaria (FCO) y tienen la consideración de formación transversal en áreas que se consideran prioritarias tanto en el marco de la Estrategia Europea para el Empleo y del Sistema Nacional de Empleo como en las directrices establecidas por la Unión Europea. Se consideran áreas prioritarias las relativas a tecnologías de la información y la comunicación, la prevención de riesgos laborales, la sensibilización en medio ambiente, la promoción de la igualdad, la orientación profesional y aquellas otras que se establezcan por la Administración competente.

Las especialidades de Certificado de profesionalidad tienen una duración especificada en su normativa reguladora.

En el resultado de la búsqueda, se muestran las unidades de competencia, todos los módulos formativos con su duración y las unidades formativas del certificado correspondiente, con su duración. Las horas del certificado, exclusivo de las especialidades de certificado de profesionalidad, con alta igual o superior a 2008, son las horas totales más las horas del módulo de Prácticas Profesionales no Laborales.

➲ **Si la especialidad tiene unidades formativas,** las horas totales, presencial, distancia, teleformación serán igual a la suma de esas horas de las unidades formativas de los distintos módulos, sin que se repita ninguna Unidad formativa.

- **Si la especialidad no tiene unidades formativas,** las horas totales, presencial, distancia, teleformación serán igual a las sumas de esas horas de los módulos formativos, eliminando las horas de los módulos repetidos.

https://sede.sepe.gob.es/especialidadesformativas/RXBuscadorEFRED/BusquedaEspecialidades.do

(Fuente: Servicio Público de Empleo Estatal)

Índice

OBJETIVOS GENERALES

Los objetivos generales del **ADGG105PO. Competencias digitales en la empresa,** son los siguientes:

- Utilizar las Técnicas de Información y Comunicación (TIC) como una herramienta para la expresión y la comunicación, para el acceso a fuentes de información, como medio de archivo de datos y documentos, para tareas de presentación, para el aprendizaje, la investigación y el trabajo cooperativo.
- Usar internet de manera segura, contribuyendo a la veracidad de la información que se difunde en la red y el mantenimiento de una adecuada imagen de marca.
- Buscar información en internet de forma segura y precisa.
- Utilizar sistemas de alerta de información diseñados para notificar a los usuarios sobre cambios o eventos específicos basados en datos e información.
- Diseñar mapas conceptuales para la organización del conocimiento en la empresa.
- Evaluar la fiabilidad y validez de las fuentes de información.
- Utilizar el análisis de datos para la toma de decisiones en el entorno empresarial.
- Gestionar adecuadamente la identidad digital en el ámbito empresarial.
- Aplicar las medidas de seguridad necesarias para prevenir los riesgos y contribuir a mantener la ciberseguridad en la empresa.
- Aplicar medidas de seguridad para proteger la información.
- Conocer el papel de la tecnología en la sociedad actual.
- Navegar de manera segura y crítica en el entorno digital.

El papel de internet en el entorno empresarial

Contenido

Objetivos

El objetivo general de esta Unidad de Aprendizaje es:

→ Usar internet de manera segura, contribuyendo a la veracidad de la información que se difunde en la red y el mantenimiento de una adecuada imagen de marca.

Los objetivos específicos de esta Unidad de Aprendizaje son:

→ Buscar información en internet de forma segura y precisa.

→ Garantizar la veracidad de la información obtenida de internet.

→ Construir una identidad digital adecuada a la imagen de la empresa.

→ Proteger a la empresa de las amenazas y los peligros más frecuentes al usar internet.

1. Introducción

Actualmente, la **formación en competencias digitales** es un aspecto al que se le está prestando especial atención. Desde las administraciones públicas, tanto a nivel europeo como nacional y autonómico, se está trabajando para formar a la ciudadanía en competencias digitales y capacitar a las personas para que puedan desenvolverse en el mundo digital, esencial en la sociedad en la que vivimos.

Para ello, se ha diseñado el **Marco Europeo de Competencias Digitales para la Ciudadanía,** también conocido como **DigComp,** que es una herramienta que permite mejorar las competencias digitales de los ciudadanos.

En este marco se recogen **cinco áreas** de competencias digitales: búsqueda y gestión de información y datos, comunicación y colaboración, creación de contenidos digitales, seguridad y resolución de problemas. En estas áreas se distribuyen **21 competencias** digitales que todas las personas deberían tener.

Y la adquisición de estas competencias es esencial para la transformación y el desarrollo digital en las empresas, ya que **la competencia digital de la empresa es la de las personas que lo forman.**

A continuación, verás el papel que juega internet en el entorno empresarial, las competencias digitales que las empresas y en concreto las personas que trabajan en ellas, deben tener para gestionar la información y su presencia en la red, así como prevenir los posibles problemas de seguridad que puedan surgir.

Para ello, conocerás el caso de Mytalcast, una empresa de decoración que día a día ve cómo su presencia en internet aumenta, pero de manera descontrolada, ya que no conocen el alcance de esta ni la controlan. Incluso han sufrido ya un ciberataque, por lo que quieren buscar una solución para que el uso de internet sea adecuado y beneficioso para la empresa.

2. La información en internet

☞ HILO CONDUCTOR

Pedro, el gerente de Mytalcast, está preocupado por la situación que está observando con la presencia de la empresa en internet y quiere poner en marcha un proyecto para conocer y evaluar la información sobre ella que existe en la red, ya que han detectado incluso algún bulo.

Actualmente, existe una **gran cantidad de información disponible** en internet sobre cualquier tema, persona o empresa, a un solo clic. Esto facilita muchos aspectos y acciones diarias.

👁 EJEMPLO

Hoy en día, buscando una empresa en internet podrás conocer su número de teléfono o dirección de correo de forma rápida si necesitas contactar con ella, dónde se encuentra ubicada, si tienes que desplazarte hasta allí, o conocer los servicios y productos que ofrece, los precios de estos y las opiniones de otras personas que han acudido a ella.

Pero no todo son ventajas, también puede implicar ciertos riesgos, ya que la excesiva información disponible genera confusión y **no toda la información que hay en la red es fiable:** hay que saber qué información buscar, usar el motor de búsqueda adecuado y validar las fuentes, para evitar las *fake news* o noticias falsas y la desinformación, entre otras cosas.

¿Qué puedes hacer entonces cuando buscas información en la red?, ¿cómo puedes saber si es una noticia falsa o si la información veraz y fiable?

Algunos **consejos** que puedes seguir para realizar una buena búsqueda de información e identificar si es fiable son los siguientes:

➲ **Acota tus búsquedas.** Debes pensar en el tipo de información que quieres conseguir y realizar la búsqueda en un buscador adecuado, ya que existen buscadores tanto generalistas como especializados. Además, en los buscadores se pueden filtrar las búsquedas o utilizar operadores booleanos y opciones avanzadas para limitar los resultados y que estos sean más precisos.

- **Investiga el origen de la información.** Si dudas de la información localizada, investiga su procedencia o en qué sitio se ha publicado: cuál es la fuente, si es fácil obtener la información, si el sitio tiene buena reputación, etc. Si hace alusión a datos obtenidos de estudios o estadísticas, por ejemplo, debe citarlos claramente para que puedan verificarse fácilmente o incluir los enlaces a esa fuente.
- **No te quedes en el titular.** Muchas veces se comparte información con titulares llamativos sin ni siquiera leer el contenido. Lee el texto completo, comprueba que sea cierto y desconfía de titulares sensacionalistas.
- **Contrasta la información.** Si una noticia te parece rara o asombrosa, comprueba si se ha publicado, además, en otros medios.
- **Fíjate en la autoría.** La autoría es un aspecto clave, ya que señala al responsable del escrito. Si nadie firma la noticia, posiblemente se trate de un bulo.
- **Comprueba la fecha.** La fecha de publicación es otro aspecto esencial que hay que comprobar, ya que muchos bulos son, simplemente, noticias antiguas fuera de contexto.
- **Observa el estilo de redacción.** Observa cómo está redactado el texto: si contiene faltas de ortografía, desconfía. Los errores ortográficos restan fiabilidad.
- **Analiza el medio que lo publica.** Muchas veces, algunas publicaciones de medios satíricos, como puede ser *El Mundo Today,* se viralizan como si fuesen ciertas. Presta atención al tipo de medio que publica la noticia.
- **Usa herramientas de verificación.** La lucha contra la desinformación se ha convertido en algo necesario y por eso han surgido muchas herramientas de verificación, como *Fact Check Markup, Botometer, TinEye* o *InVID.* Es conveniente prestar especial atención a imágenes y vídeos, ya que estos se pueden manipular y usar fácilmente fuera de contexto.
- **Pregunta a una persona experta.** Si tras realizar las comprobaciones necesarias, sigues dudando de la veracidad de una información, consulta con alguna persona especializada en la materia.

Todo esto te puede ayudar a detectar bulos y frenar su difusión descontrolada a través de la red.

Por tanto, toma las **precauciones** necesarias y **no reenvíes** información no contrastada ni **envíes tus datos** a cualquier sitio sin saber si lo que te ofrecen es cierto.

◁◯▷ EJEMPLO

En alguna ocasión habrás recibido correos electrónicos en los que te dicen que necesitan verificar tu cuenta bancaria. Posiblemente se trate de un caso de *phishing* y estén intentando obtener tus datos, ya que ningún banco te pedirá nunca tus datos a través de *e-mail*.

2.1. Tu información en la red

Como has visto, es importante tener las **herramientas de verificación** necesarias para poder detectar la información falsa y evitar su propagación. Del mismo modo, es importante **tener cuidado con las publicaciones** que haces y **vigilar la privacidad** en la red, ya que esos bulos pueden ser incluso sobre ti o tu empresa, o puedes recibir algún ataque cuya finalidad sea obtener información privada de tus equipos y dispositivos.

Para ello, sigue estos **consejos**:

- ⮑ **Usa un navegador seguro.** Usa navegadores que presten atención a la privacidad y permitan el bloqueo de rastreadores, como *Mozilla Firefox.*
- ⮑ **Navega de incógnito.** Usa la navegación privada o de incógnito si quieres que tu actividad no se registre.
- ⮑ **"Escóndete" y cifra tus datos.** Con el uso de un VPN *(Virtual Private Network)* puedes enmascarar tu dirección IP y cifrar tu tráfico en la red, de modo que te proteges de los rastreadores. También puedes cifrar tus dispositivos y usar herramientas de cifrado para el correo electrónico y otros datos privados.
- ⮑ **Gestiona las *cookies.*** Limpia las *cookies* de tu navegador con cierta frecuencia o bloquea las *cookies* de terceros.
- ⮑ **Configura tu privacidad.** Revisa periódicamente la configuración de privacidad de tus cuentas, especialmente en redes sociales, y realiza los ajustes necesarios. Limitan también quién puede ver tu perfil y tus publicaciones en las redes, y nunca compartas tu ubicación en tiempo real.
- ⮑ **Usa una autenticación segura.** Usa contraseñas distintas y fuertes para cada una de tus cuentas. Una buena opción es usar un gestor de contraseñas. Además, puedes usar la autenticación en dos pasos o fatores (2FA) en aquellas cuentas que lo permitan.
- ⮑ **No lo compartas todo.** Piensa bien antes de publicar cualquier dato personal en plataformas *online* y no compartas información que no sea necesaria.

- **Ten cuidado con los enlaces y anexos.** No pulses en enlaces o descargues anexos procedentes de remitentes desconocidos.
- **Verifica la seguridad de las páginas webs.** Al acceder a una página web, especialmente si introduces datos personales o bancarios, asegúrate de que la dirección comienza con "https" y tiene el icono de un candado.
- **Actualiza el *software*.** Mantén tu sistema operativo y aplicaciones siempre actualizados, así evitarás vulnerabilidades conocidas.
- **No te conectes a redes wifi públicas.** Si es posible, no te conectes a redes wifi públicas, y en caso de que sea necesario, hazlo a través de VPN.
- **Elimina permisos.** Periódicamente, revisa y quita permisos que hayas dado a aplicaciones *online* y que no necesites.
- **Mantente informado.** Es importante que conozcas las últimas amenazas y tácticas de ciberataque. La concienciación y el uso del sentido común es la mejor defensa que puedes tener.

Siguiendo estas indicaciones, podrás crear una **presencia *online* coherente y profesional,** sin riesgos, que no afecte a la imagen de tu empresa.

Además, la empresa podrá utilizar **herramientas para gestionar y monitorizar** la marca en la web y la reputación *online*.

3. Construyendo la identidad digital

 HILO CONDUCTOR

Pedro ha visto que hay algunos comentarios negativos e, incluso, algún bulo circulando por ahí, y lo más preocupante es que hay ciertos comportamientos de algunos empleados en la red que pueden llegar a afectar a la imagen de la empresa, por lo que una de las acciones que van a poner en marcha es la creación de políticas de uso de redes sociales y presencia *online* para empleados, así como una campaña de concienciación y formación.

Toda la información, ya sea publicada por la empresa, por sus clientes u otras personas usuarias de la red, contribuirá a la definición de la **identidad digital** de la empresa. Y es que, además, todo lo que se suba a internet, tanto por la empresa como por las personas que trabajan en ella, quedará **accesible** en la red, incluso si se elimina.

IMPORTANTE

Todo lo que publiques en internet quedará disponible y accesible para el resto de las personas usuarias, y será lo que defina tu identidad digital (quién eres) y tu reputación *online* (la forma en que los demás te ven).

- -

APLICACIÓN PRÁCTICA

Rocío es dueña de una pequeña empresa del sector textil que ha comenzado su andadura en internet recientemente y está en pleno proceso de definición de su identidad digital. ¿Sabrías identificar qué aspectos debe tener en cuenta para conseguir una buena reputación *online*?

Solución

Rocío podrá crear una buena reputación *online* de su empresa del siguiente modo:

- Cuidando las publicaciones que se hacen (prestando atención a la temática y las opiniones dadas, así como a la netiqueta).
- Monitorizando la imagen de la marca en la web y su reputación *online*.
- Formando y concienciando a las personas trabajadoras para que gestionen su identidad digital adecuadamente, evitando que aspectos y publicaciones personales afecten al ámbito profesional.

La identidad digital de los empleados también influye en la reputación de la empresa, ya que están relacionados con ella. Debe haber políticas de uso de redes sociales y presencia *online* para empleados, y deben estar concienciados sobre cómo su reputación puede afectar a la empresa y conocer la importancia de separar la identidad personal de la profesional.

- -

4. La seguridad en la red

☞ HILO CONDUCTOR

En Mytalcast últimamente han tenido problemas de seguridad, así que Pedro se ha propuesto actuar al respecto. Para ello, van a poner en marcha una campaña de ciberseguridad con la que pretenden concienciar y formar a todas las personas que forman parte de la empresa.

Uno de los aspectos más importantes que la empresa debe tener presente es la seguridad en la red, y es que con el uso de internet son muchos los peligros que nos acechan.

Mediante el uso de internet, ya sea con el envío de mensajes por las redes sociales o aplicaciones de mensajería, archivos adjuntos en *los e-mails,* etc., los *hackers* intentan acceder a nuestros dispositivos e invadir nuestra privacidad con el fin de obtener datos para usarlos en su beneficio o simplemente para causar daños.

Algunas de las **amenazas más frecuentes** son:

- ⮑ *Phishing.* Hace referencia a una estafa diseñada para obtener información confidencial. Mediante el envío de correos electrónicos fraudulentos, se suplanta la identidad de una persona o entidad conocida y se solicita información, como número de tarjeta de crédito, claves de acceso, datos de cuentas bancarias u otros datos personales.
- ⮑ *Malware.* Consiste en la instalación de *software* malicioso en los equipos informáticos, sin que la persona lo sepa. Con esto, se daña el dispositivo o se roba información con la que incluso se chantajea a las personas atacadas.
- ⮑ *Ransomware.* Este ataque es un tipo de *malware* que consiste en inutilizar partes del sistema operativo o archivos del equipo, con la finalidad de pedir un rescate económico a cambio de restaurar las partes dañadas.
- ⮑ *Spyware.* Este tipo de *software* se instala en los dispositivos con el objetivo de recopilar y enviar información de estos.
- ⮑ *Smishing.* Esta técnica es similar al *phishing* pero los datos se obtienen mediante SMS (mensaje de texto). Con esto, se descarga un programa con el que se accede y controla el dispositivo.

Para evitar estas amenazas, es necesario **prepararse y configurar los dispositivos** de forma adecuada.

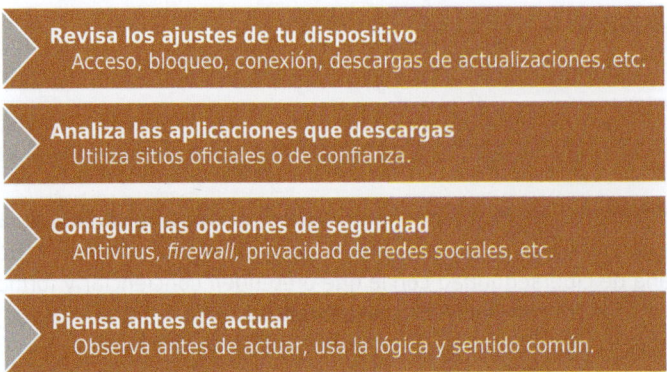

Todo esto servirá, por ejemplo, para localizar fácilmente un dispositivo en caso de robo, evitar que accedan a tus datos o que suplanten tu identidad.

 **EJEMPLO**

Observa este ejemplo para ver cómo deberías actuar:

Roberto es un trabajador de Lebrins, una empresa muy conocida a nivel nacional, que ha recibido el siguiente correo:

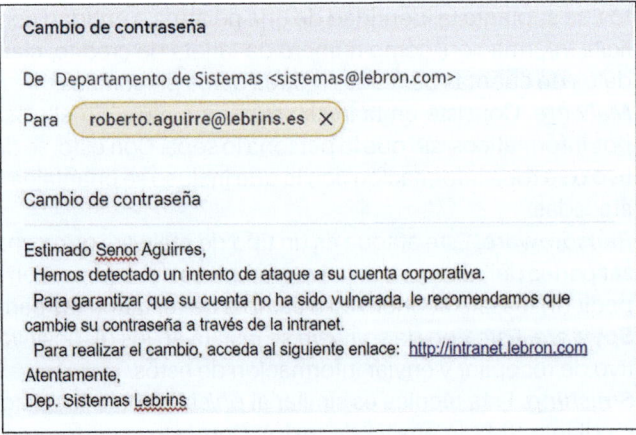

¿Qué puedes observar en él? ¿Crees que es un correo fiable?

Continúa en página siguiente >>

<< Viene de página anterior

Solución

En este mensaje se pueden observar varias cosas:

El dominio del correo electrónico del emisor no es correcto, pone "lebron", en vez de lebrins.

En el saludo pone senor, en lugar de señor. Además, el apellido de Roberto está mal, su apellido es Aguirre y no Aguirres. Este tipo de errores ortográficos son habituales en correos fraudulentos.

Proporcionan una dirección para realizar el cambio de contraseña que no es segura, ya que se observa que no usa protocolo https y, además, el dominio es incorrecto, de nuevo pone "lebron" en vez de "lebrins".

Analizando el mensaje puedes concluir que no es un correo fiable y que ha sido enviado desde una cuenta falsa. Por lo tanto, no debes pulsar en el enlace, debes informar a tu empresa para que realice las acciones necesarias.

Y es esencial, ante todos estos riesgos, **concienciar y formar a los empleados,** así como aplicar herramientas y técnicas para prevenirlos (gestión contraseñas, doble autenticación, adoptar buenas prácticas navegación, etc.).

Además, la empresa debe tener **protocolos de actuación en caso de incidente** que afecte a la seguridad o la reputación *online*.

 TAREA 1

Has recibido en tu teléfono un mensaje de la Seguridad Social en el que solicitan que confirmes tus datos bancarios y actualices tu contraseña de acceso al banco, ya que ha habido un ataque a los sistemas de tu empresa y por seguridad deben actualizarse, para que puedan realizarse correctamente los pagos de las nóminas. El mensaje es el siguiente:

Continúa en página siguiente >>

<< Viene de página anterior

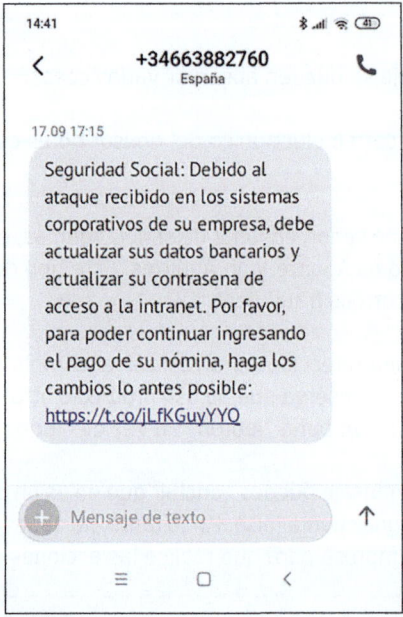

¿Cómo actuarías al recibir el mensaje?

Analiza este mensaje e indica si hay algún elemento o dato en él que te haga desconfiar de su fiabilidad y si crees que te enfrentas a algún tipo de peligro o ataque en concreto.

Además, indica cómo puede afectar este mensaje a la identidad y la reputación de tu empresa y cómo podrías ayudar a protegerla de las amenazas existentes.

5. Resumen

La formación en **competencias digitales** es esencial en la sociedad actual, en la que todo gira alrededor de la tecnología. La adquisición de dichas competencias es fundamental para la transformación y el desarrollo digital en las empresas, ya que **la competencia digital de la empresa es la de las personas que lo forman.**

Y es que no por saber acceder a la red significa que se esté haciendo de forma correcta, fiable y segura.

Para **buscar información válida y fiable** de forma segura es importante que sigas estos consejos:

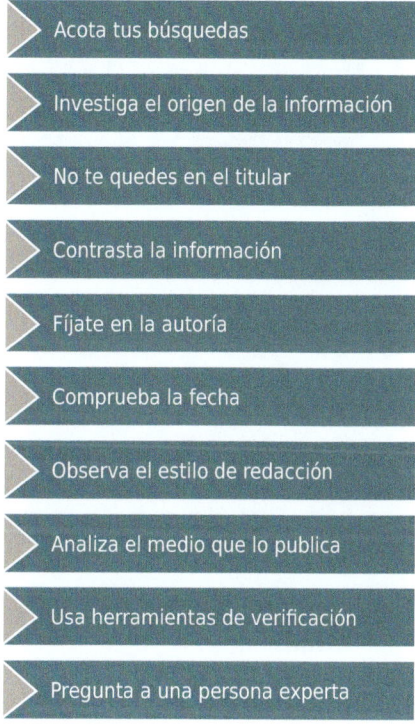

Acota tus búsquedas

Investiga el origen de la información

No te quedes en el titular

Contrasta la información

Fíjate en la autoría

Comprueba la fecha

Observa el estilo de redacción

Analiza el medio que lo publica

Usa herramientas de verificación

Pregunta a una persona experta

Además, debes usar **herramientas de verificación** para detectar la información falsa y evitar su propagación, así como **tener cuidado con las publicaciones** que haces y **vigilar la privacidad** en la red.

Ten también en cuenta que todo lo que publiques en internet quedará disponible y accesible para el resto de las personas usuarias, y será lo que defina tu **identidad digital** (quién eres) y tu **reputación** *online* (la forma en que los demás te ven).

Finalmente, debes considerar en todo momento la seguridad, ya que son muchas las **amenazas presentes en internet:** *phishing, malware ransomware, spyware, smishing,* etc.

Para evitar estas amenazas, es necesario **prepararse y configurar los dispositivos** de forma adecuada:

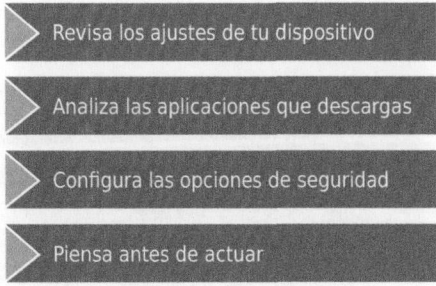

Revisa los ajustes de tu dispositivo

Analiza las aplicaciones que descargas

Configura las opciones de seguridad

Piensa antes de actuar

Ejercicios de autoevaluación
Unidad de Aprendizaje 1

1. ¿Qué es una *fake new*?

    a. Una noticia internacional.
    b. Un tipo de ciberataque.
    c. Una comunicación comercial no solicitada.
    d. Una noticia falsa.

2. ¿Qué tipo de herramientas ayudan a detectar la información falsa y evitar su propagación?

    a. Herramientas de comunicación
    b. Herramientas colaborativas
    c. Herramientas de verificación
    d. Herramientas de protección

3. ¿Cómo deben ser las contraseñas que uses?

    a. Fáciles de recordar.
    b. Iguales para todas las cuentas.
    c. Distintas para cada cuenta.
    d. Preferiblemente numéricas.

4. Indica cuál de las siguientes afirmaciones es cierta:

    a. La identidad digital es la forma en que los demás te ven en internet.
    b. La identidad digital depende exclusivamente de lo que los demás opinen de ti.
    c. La reputación *online* es la forma en que los demás te ven en internet.
    d. Identidad digital y reputación *online* son lo mismo.

5. La estafa consistente en enviar correos electrónicos fraudulentos para suplantar la identidad de una persona o entidad conocida y solicitar información personal se conoce como...

   a. ... *phishing.*
   b. ... *malware.*
   c. ... *ransomware.*
   d. ... *smishing.*

Búsqueda rápida y fiable de contenido relevante

Contenido

1. Introducción
2. Motores de búsqueda: funcionamiento y técnicas avanzadas
3. Herramientas de búsqueda especializada
4. Métodos de validación de fuentes
5. Resumen

Objetivos

El objetivo general de esta Unidad de Aprendizaje es:

→ Buscar información en internet de forma segura y precisa.

Los objetivos específicos de esta Unidad de Aprendizaje son:

→ Aplicar filtros al realizar una búsqueda en buscadores generalistas.

→ Utilizar buscadores específicos para obtener información más precisa.

→ Garantizar la veracidad de la información obtenida de internet.

1. Introducción

La **gran cantidad de información** disponible en internet actualmente y la **facilidad para acceder** a ella hace que, en muchas ocasiones, sea difícil saber si es correcta o no, si es fiable o si está actualizada.

Y que es que con un solo clic se puede obtener información sobre cualquier tema, persona o empresa, lo que aporta muchas ventajas para las personas usuarias, siempre y cuando sepan cómo buscarla y valorarla. De lo contrario, puede llegar a generar **confusión y desinformación** en la persona, justo lo contrario a sus necesidades.

A continuación, verás qué herramientas puedes usar para la búsqueda, cómo realizar búsquedas precisas y cómo verificar la fiabilidad de la información obtenida.

Para ello, conocerás el caso de Mytalcast, una empresa de decoración que está continuamente innovando y, a día de hoy, con la presencia y difusión que están teniendo en internet, están poniendo en marcha muchas acciones que le permiten gestionar su presencia en la red.

2. Motores de búsqueda: funcionamiento y técnicas avanzadas

👉 **HILO CONDUCTOR**

Miranda, la encargada de la comunicación en la empresa, ha visto ampliadas sus funciones recientemente, porque con la creciente presencia en internet de Mytalcast han decidido lanzar una *newsletter* mensual en su web.

Para la próxima edición, va a escribir un artículo sobre la elaboración de productos con madera de olivo y ha decidido documentarse antes sobre las propiedades de esta, buscando información en internet, pero se ha llevado una gran sorpresa y es que ¡ha encontrado información contradictoria!

- -

Muchas veces, al buscar información en la red, si consultas diferentes sitios, puedes encontrar distinta información e incluso datos contradictorios. ¿Qué puedes hacer en esos casos?, ¿cómo puedes saber qué información es la correcta?

Si lo que quieres es obtener información precisa y fiable, debes seguir estos pasos:

➲ **Usa el motor de búsqueda adecuado.** El primer paso es usar el buscador adecuado a tus necesidades. En la actualidad, existen diferentes tipos:

- ꙮ **Buscadores generalistas:** son motores de búsquedas con los que puedes buscar cualquier tipo de información, como *Google Search* o *Bing*.
- ꙮ **Buscadores específicos:** son motores de búsqueda que se especializan en temáticas específicas, como los buscadores académicos o los buscadores de empleo.
- ꙮ **Aplicaciones de inteligencia artificial generativa:** también es posible buscar a través de este tipo de aplicaciones, pero es importante tener en cuenta que en muchos casos los datos no están actualizados a la fecha de búsqueda. Un ejemplo de este tipo de aplicaciones es *ChatGPT*.

➲ **Aplica criterios avanzados.** A la hora de buscar información, puedes utilizar **operadores** *booleanos* o aplicar **criterios avanzados** que te permitirán delimitar los resultados obtenidos. Puedes indicar, entre otras cosas, lo siguiente:

- ꙮ Las **palabras** que quieres que aparezcan y las que quieres excluir.
- ꙮ El **idioma** de los resultados obtenidos.
- ꙮ El **formato** de la información que quieres obtener.
- ꙮ La **fecha** de publicación de la información que obtengas.
- ꙮ El **dominio** del sitio web que te ofrezca los resultados.
- ꙮ Los **derechos de uso** que tiene la información obtenida.

➲ **Comprueba la veracidad de la información.** Finalmente, una vez obtenidos los resultados, es importante comprobar si la información obtenida es cierta.
Para ello, puedes analizar y contrastar la información, consultar la fecha de publicación para ver si es actual, quién es su autor, la fuente o medio en que se publica e, incluso, usar alguna de las herramientas de verificación existentes.

A continuación, verás cómo realizar una búsqueda en uno de los buscadores más conocidos: *Google Search*.

2.1. *Google:* uso avanzado

Cuando realizas una búsqueda en internet te aparecen resultados de todo tipo, pero si lo que quieres es localizar algún tipo de información en concreto, con la mayoría de los buscadores puedes aplicar **filtros básicos** y buscar, por ejemplo, por **tipo de contenido, idioma o fecha.**

Y, además de los filtros básicos, puedes acotar más aún las búsquedas con las opciones de **búsqueda avanzada.**

- **Filtros básicos.** *En Google Search* tienes estas **categorías,** entre otras: todo, imágenes, vídeos, noticias, vuelos, libros y *Maps.*
  Para aplicar este filtro, selecciona en la parte superior de la pantalla la pestaña que te interese.
  Para filtrar por **idioma** o por **fecha** selecciona en la parte superior de la pantalla el botón **Herramientas** y, a continuación, el filtro que quieras aplicar.
- **Búsqueda avanzada.** Pulsa el icono de **configuración** situado en la parte superior de la pantalla, donde encontrarás la opción de **búsqueda avanzada.**
  Al pulsarla, aparecerá una nueva ventana en la que puedes aplicar filtros específicos, como la **región,** el **sitio web** o **dominio,** el **formato** de archivo o el tipo de **derechos de uso.**
  Las opciones que aparezcan dependerán de la búsqueda realizada. Si estás buscando un vídeo, por ejemplo, te aparecerán filtros específicos para este, como la **duración,** la **calidad** o los **subtítulos,** entre otros.
  Tras completar los filtros, pulsa en **Búsqueda avanzada** y aparecerán los resultados.

 **EJEMPLO**

Para buscar un vídeo sobre la madera de olivo en español que se haya publicado en el último mes, tienes que seleccionar la categoría **Vídeos** e indicar en los filtros **fecha** e **idioma** las opciones correspondientes.

Si lo deseas, accediendo a las opciones de **búsqueda avanzada** puedes indicar otros parámetros, como, por ejemplo, la duración.

Continúa en página siguiente >>

<< Viene de página anterior

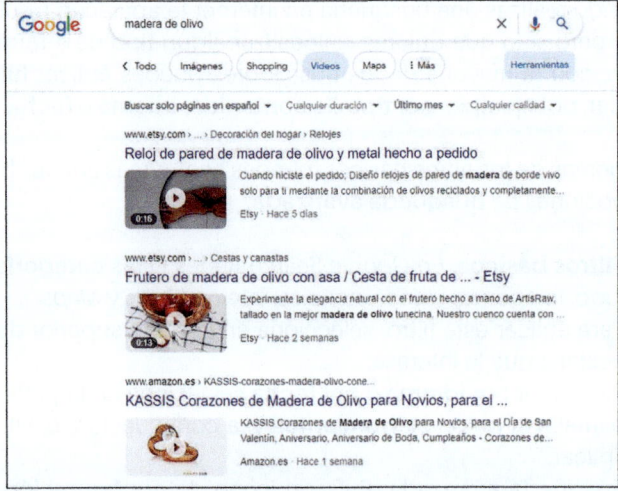

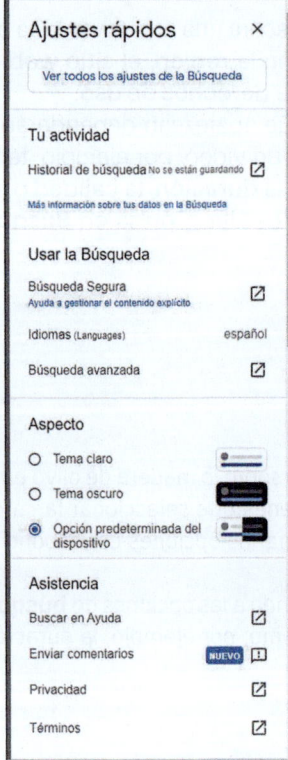

Continúa en página siguiente >>

<< Viene de página anterior

ACTIVIDAD COMPLEMENTARIA

1. Investiga sobre otros buscadores generalistas y realiza un listado detallado de entidades de este tipo.

3. Herramientas de búsqueda especializada

 HILO CONDUCTOR

Al buscar en un buscador generalista, Miranda no ha localizado la información que necesita, ya que ella busca algo más específico, así que ha decidido usar un buscador especializado. ¡Seguro que obtiene resultados más concretos!

Antes de buscar información en internet, uno de los aspectos que debes tener claro es qué **tipo de información** quieres localizar. Dependiendo de esta, puedes realizar la búsqueda en un buscador generalista o uno especializado que te ofrezca resultados más concretos sobre tu temática.

Si te decantas por un buscador especializado, en función de la temática, podrás usar uno u otro, ya que existen de diferentes tipos. Estos son algunos ejemplos:

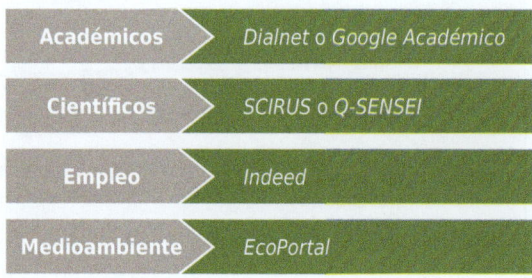

A continuación, verás cómo realizar una búsqueda en uno de los buscadores especializados más conocido: **Dialnet.**

3.1. *Dialnet:* búsqueda especializada

Dialnet es un portal de difusión que proporciona acceso libre a contenidos científicos, principalmente en español. Una vez dentro, puedes buscar documentos sobre **temas específicos, revistas, tesis o ediciones de congresos.** Para ello, accede al menú situado en la parte superior y pulsa en la pestaña correspondiente.

Si quieres buscar un documento, tienes que pulsar en la pestaña **Buscar** y escribir las palabras clave en el recuadro de búsqueda, a continuación, pulsa en **Buscar.** Una vez que obtengas los resultados, puedes filtrar por tipo de documento seleccionando la casilla correspondiente en la parte izquierda de la pantalla. Cuando localices el documento que te interesa, accede a él pulsando en el **título.**

 **EJEMPLO**

Para buscar un documento sobre la madera de olivo, escribe las palabras clave en la caja de búsqueda y pulsa en **Buscar.**

Continúa en página siguiente >>

<< Viene de página anterior

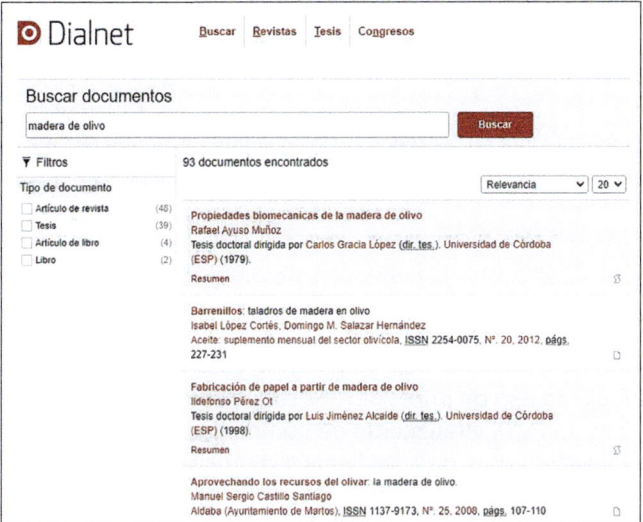

PARA SABER MÁS

Puedes acceder si lo deseas a la web de *Dialnet* desde aquí:

https://redirectoronline.com/adgg105po0200

---

4. Métodos de validación de fuentes

☞ HILO CONDUCTOR

Miranda ha visto en las redes sociales la noticia de que se va a limitar el uso de algunos tipos de madera para la fabricación de muebles y objetos de decoración.

Se ha quedado algo preocupada por si afecta a su empresa, pero ¿será esto cierto?, ¿o será solo un bulo?

El creciente **uso de internet y las redes sociales** facilitan la **difusión** de la información y la **viralización** de contenidos, en muchos casos, falsos: son los llamados bulos, noticias falsas o *fake news*.

Si después de analizar todos esos aspectos, sigues teniendo dudas, puedes acudir a *fact checkers* como Maldita.es, Newtral o EFE Verifica (entidades certificadas por *la International fact-checking network* o IFCN) y algunas cuentas en redes sociales que se dedican a esto (Policía Nacional, Guardia Civil, etc.), o hacer uso de **herramientas de verificación** para realizar las comprobaciones necesarias.

Estas son algunas de las herramientas existentes:

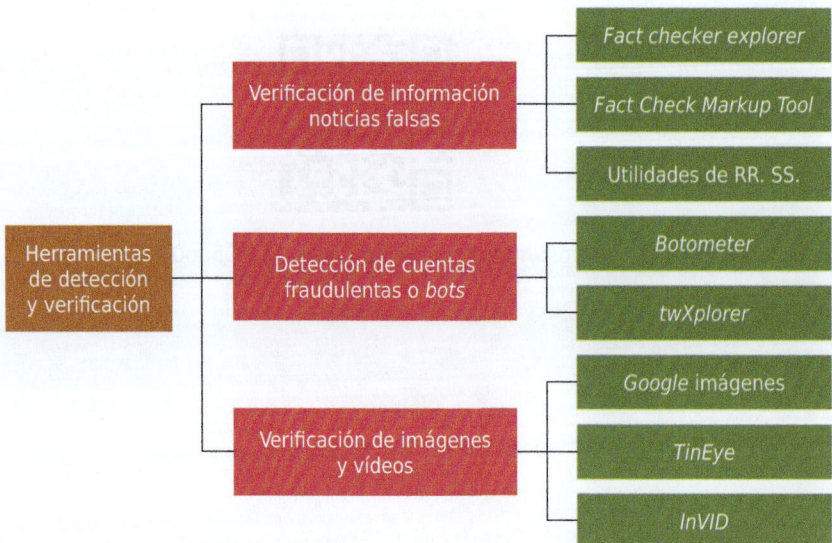

Finalmente, si sigues teniendo dudas, **no compartas y pregunta a una persona experta.**

 ## PARA SABER MÁS

Puedes consultar el siguiente artículo en el que verás qué son las *fact checking* y las agencias existentes en España accediendo desde aquí:

https://redirectoronline.com/adgg105po0201

 ## APLICACIÓN PRÁCTICA

Nico es un hombre de 54 años que ha comenzado a utilizar recientemente las redes sociales y, en un principio, se creía todo lo que leía. "Si lo he leído en internet", decía, pero su hija le ha hecho ver que no todo es cierto y que debe saber diferenciar las noticias verídicas de las que no lo son. ¿Sabrías identificar en qué aspectos debe fijarse para identificar los bulos?

Solución

Para saber si una noticia es falsa, debes seguir estas pautas:

- Investiga el origen de la información, que sea una fuente reconocida y fiable.
- No te quedes en el titular, lee la noticia completa.
- Contrasta la información, para asegurarte de que existe y coincide con diferentes fuentes.
- Fíjate en la autoría y comprueba la fecha, que sea actual.

Continúa en página siguiente >>

<< Viene de página anterior

- Observa el estilo de redacción, que no contenga faltas de ortografía.
- Analiza el medio que lo publica, que no sea un medio satírico.

 TAREA 2

Cristóbal trabaja en una tienda de cosméticos y ha leído que hay una nueva marca que está irrumpiendo con fuerza en España, por lo que ha decidido informarse para ver si es posible incorporarla a sus productos.

Investigando, ha leído algunos comentarios que ponen en duda su calidad. ¿Serán ciertos?

Indica cómo podrías realizar la búsqueda de la marca en un buscador, ya sea generalista o específico, y cuál crees que sería más adecuado en este caso.

Asimismo, señala cómo podría comprobar si los comentarios que ha leído Cristóbal sobre la marca son ciertos.

5. Resumen

La **gran cantidad de información** disponible en internet actualmente y la **facilidad para acceder** a ella hace que, en muchas ocasiones, sea difícil saber si es correcta o no, si es fiable o si está actualizada. Por eso es importante saber realizar búsquedas precisas y usar herramientas de verificación que nos permitan comprobarlo.

Para obtener información precisa y fiable, usa el **buscador adecuado,** configurando los **criterios avanzados de búsqueda y comprueba la veracidad** de la información.

Algunos de los **buscadores** más conocidos son estos:

Y estas son algunas de las **herramientas de verificación** existentes:

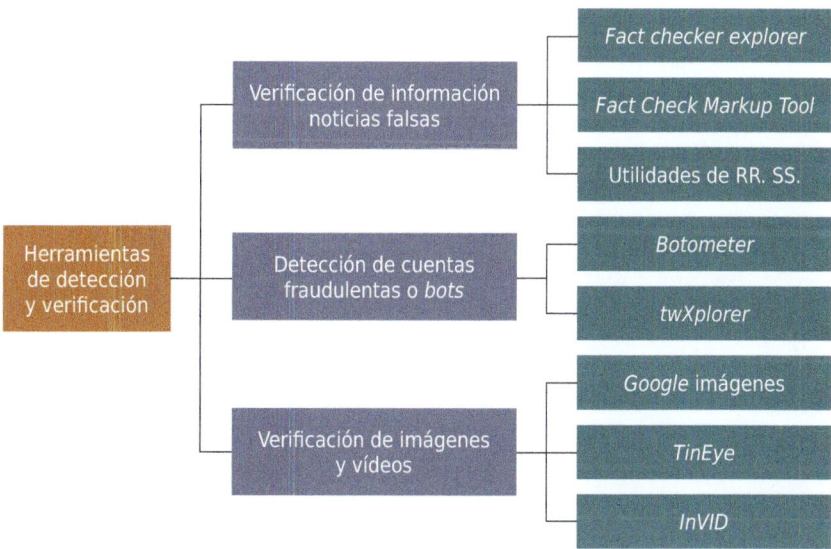

Ejercicios de autoevaluación
Unidad de Aprendizaje 2

1. Los buscadores especializados...

a. ... buscan todo tipo de información.
b. ... son de pago.
c. ... permiten localizar información sobre una temática o sector específico.
d. ... necesitan que se configuren las opciones avanzadas para localizar resultados.

2. Indica a qué categoría corresponde cada buscador:

a. *Google Académico*
b. *Q-SENSEI*
c. *Indeed*
d. *EcoPortal*

___ Científicos
___ Académicos
___ Medioambiental
___ Laboral

3. *Fact checker explorer* es una herramienta que permite...

a. ... detectar cuentas fraudulentas o *bots.*
b. ... verificar imágenes.
c. ... verificar vídeos.
d. ... detectar *fake news.*

4. ¿Cuál de estas herramientas permite verificar imágenes y/o vídeos?

a. *Botometer*
b. *Fact checker explorer*
c. *TynEye*
d. Todas las opciones son incorrectas.

5. ¿Cuál de estas herramientas permite detectar cuentas fraudulentas o *bots*?

    a. *Botometer*

    b. *Fact checker explorer*

    c. *TynEye*

    d. Todas las opciones son incorrectas.

Sistemas de alerta de información

Contenido

Objetivos

El objetivo general de esta Unidad de Aprendizaje es:

→ Utilizar sistemas de alerta de información diseñados para notificar a los usuarios sobre cambios o eventos específicos basados en datos e información.

Los objetivos específicos de esta Unidad de Aprendizaje son:

→ Definir qué es un sistema de alerta de información.

→ Distinguir entre diferentes tipos de sistemas de alerta de información.

→ Enumerar los usos de los sistemas de alerta de información en el ámbito empresarial.

→ Identificar diferentes herramientas disponibles en el mercado para la implementación de sistemas de alerta.

→ Crear una alerta en una herramienta específica de alertas de información, configurando los parámetros necesarios.

1. Introducción

Los sistemas de alertas de información son herramientas esenciales en la era digital, ya que permiten a los usuarios recibir **notificaciones en tiempo real** sobre eventos, noticias, cambios o cualquier otro tipo de información relevante para ellos.

Estas alertas pueden ser beneficiosas en **diversos ámbitos,** desde el seguimiento de noticias, hasta la monitorización de marcas en las redes sociales. Hoy en día, con el auge de la inteligencia artificial (IA), hay incluso **alertas predictivas.**

Pero para que estas alertas cumplan sus objetivos, es importante no solo saber **cómo configurarlas,** sino también cómo **interpretar la información** recibida para actuar en consecuencia.

A continuación, verás los diferentes tipos de sistemas de alertas que existen, sus usos en el ámbito empresarial y conocerás algunas de las herramientas existentes.

Para ello, conocerás el caso de Mytalcast, una empresa de decoración que está continuamente innovando y, hoy en día, con la presencia y difusión que están teniendo en internet, la empresa está creciendo y quieren explorar otros tipos de clientes.

2. Tipos de sistemas de alertas

👉 HILO CONDUCTOR

Pedro, el gerente de Mytalcast, ha firmado un contrato para diseñar los muebles de un museo en su nueva apertura, conseguido mediante concurso público.

Nunca habían realizado sus diseños para un espacio público y creen que esto les puede dar bastante publicidad y la oportunidad de abrir nuevas posibilidades en el mercado, así que Pedro se ha puesto como nueva tarea estar al tanto de este tipo de concursos.

Los sistemas de alertas son herramientas que permiten a los usuarios **recibir notificaciones en tiempo real** sobre eventos, noticias, cambios o cualquier otro tipo de información relevante para ellos.

Estas pueden llegar a los usuarios por diferentes medios, lo que da lugar a diferentes tipos de alertas:

3. Usos en el ámbito empresarial

☞ **HILO CONDUCTOR**

Pedro solo había usado alertas para intereses personales, nunca en el ámbito empresarial, pero cuando ha comentado su iniciativa con los responsables de los departamentos en la reunión mensual que han mantenido, le han dado muchas más ideas, y es que las alertas no sirven solo para estar al tanto de los concursos públicos a los que podrían presentarse, sino que pueden ser útiles para la empresa en muchos más aspectos.

Los sistemas de alertas son herramientas muy utilizadas en el ámbito empresarial, ya que pueden usarse con fines muy variados:

- ➲ **Monitorización de la marca.** Detectar críticas, conocer el impacto de una campaña, recibir *feedback*, menciones, etc.
- ➲ **Alertas competitivas y de mercado.** Detectar nuevas oportunidades, nichos, conocer opiniones de competidores, tendencias, etc.
- ➲ **Gestión de crisis y respuesta rápida.** Detectar críticas y reacciones, conocer problemas imprevistos en zonas concretas, actuar a tiempo y de manera proactiva en una crisis, etc.

👁 EJEMPLO

Carsblus, una empresa del sector de la automoción, ha detectado un bulo en redes sociales que alerta a los usuarios de que tiene problemas económicos y va a tener que cerrar.

Gracias a una alerta que tienen configurada, han dado con esta noticia y han puesto en marcha una estrategia de comunicación cuya finalidad es actuar de forma proactiva y comunicarse con trabajadores, clientes, accionistas, proveedores y demás personas que pudieran verse afectadas para desmentir la noticia antes de que llegue a ellos y puedan tomarla por cierta.

4. Herramientas de alertas

👉 HILO CONDUCTOR

Pedro ha tenido en cuenta las sugerencias que le han dado y ha decidido plantear esto como algo más que una tarea personal, ya que cree que puede ser buena idea usar las alertas con otros objetivos, y ha convocado a algunas personas clave en esos procesos.

Ya inmersos en la tarea, lo primero que tienen que decidir es qué herramienta van a usar.

Como has visto, existen diferentes tipos de alertas y, por tanto, también diversas herramientas que permiten a los usuarios recibir notificaciones en tiempo real en función del medio.

Estas son algunas de las **herramientas de alertas** más populares:

A continuación, verás cómo funciona *Google Alerts,* una de las herramientas más utilizadas.

4.1. *Google Alerts*

Google Alerts es una **herramienta web** gratuita de *Google* que **localiza nuevos contenidos** relacionados con las palabras clave indicadas y te informa en tiempo real, si así lo has configurado. Para usarlo, debes seguir estos pasos:

1. **Define las palabras clave de búsqueda.** Tras acceder a su web, verás una caja de búsqueda en la que debes escribir las palabras clave que quieres usar para definir tu alerta. Es importante que uses palabras clave específicas si quieres obtener resultados muy concretos. En caso de querer información en general sobre un tema, basta con escribir el nombre de la temática.
2. **Configura la alerta.** Tras escribir las palabras clave, puedes crear directamente la alerta pulsando en **Crea alerta** o configurarla pulsando en **Mostrar opciones.**
   Para configurarla, abre los desplegables y selecciona las opciones que desees. Puedes indicar la frecuencia de las alertas, criterios de segmentación, canales de entrega, etc.
3. **Crea la alerta.** Hayas configurado o no las opciones de las alertas, puedes crearla pulsando en **Crear alerta.**
4. **Edita la alerta.** Si una vez creada, quieres cambiar la configuración, en la sección **Mis alertas,** pulsa en el icono del lápiz situado junto a la alerta que quiere editar.
5. **Actualiza la alerta.** Aparecerán las opciones de configuración. Cuando hayas seleccionado las que desees, pulsa en **Actualizar alerta.**

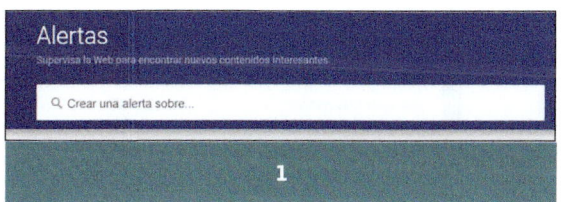

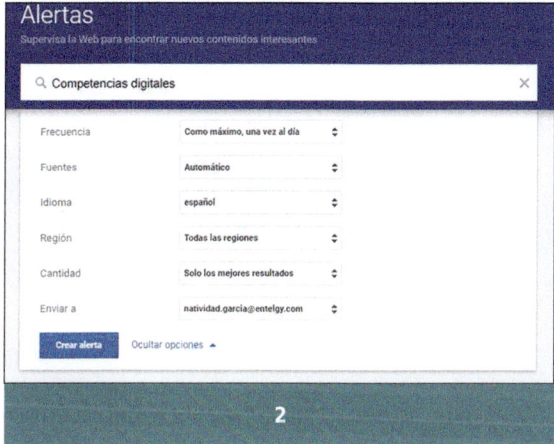

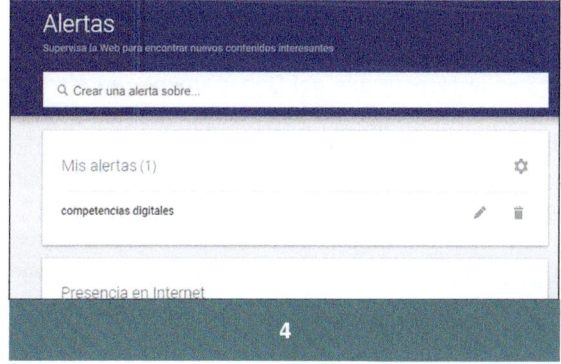

Continúa en página siguiente >>

<< Viene de página anterior

Q competencias digitales		×
Frecuencia	Como máximo, una vez al día ⇕	
Fuentes	Automático ⇕	
Idioma	español ⇕	
Región	España ⇕	
Cantidad	Solo los mejores resultados ⇕	
Enviar a	natividad.garcia@entelgy.com ⇕	

Actualizar alerta   Ocultar opciones ▲

5

 CONSEJO

Al crear una alerta, para que de verdad sea útil, **selecciona bien las palabras clave** para evitar la sobrecarga de información y no olvides **revisar y ajustar los criterios** indicados regularmente.

Además, es importante que analices las notificaciones recibidas para actuar en consecuencia, si fueran relevantes, e incluso, puedes **integrarlas con otras herramientas** y plataformas.

 TAREA 3

Verónica es la responsable del Departamento de *Marketing* y Ventas de una empresa de calzado que ha abierto recientemente una tienda *online*. En el plan de *marketing online* tienen contemplada la monitorización de la marca en internet y una de las herramientas que van a utilizar para ello es un sistema de alerta de información.

Pero ¿qué es eso exactamente?, ¿cómo puede usarlo en beneficio de la empresa? Define qué es un sistema de alerta de información, los diferentes tipos

Continúa en página siguiente >>

<< Viene de página anterior

que existen y cómo podría usarlos Verónica. Asimismo, enumera un listado de herramientas existentes, selecciona alguna de ellas y crea una alerta que ayude a Verónica con su cometido.

---

5. Resumen

Los sistemas de alertas son herramientas que permiten a los usuarios **recibir notificaciones en tiempo real** sobre eventos, noticias, cambios o cualquier otro tipo de información relevante para ellos por diferentes medios: correo electrónico, SMS, aplicaciones, etc.

Tienen muchas **aplicaciones en el ámbito empresarial,** pudiéndose utilizar con diferentes fines, como la monitorización de la marca, las alertas competitivas y de mercado, o la gestión de crisis y respuesta rápida ante esta, entre otras.

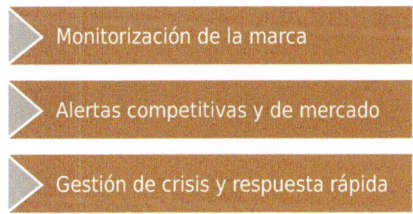

Estas son algunas de las **herramientas de alertas** más populares:

Con cualquiera de ellas, es importante no solo saber **cómo configurarlas,** sino también **revisar la configuración** regularmente y saber cómo **interpretar la información** recibida para actuar en consecuencia.

Ejercicios de autoevaluación
Unidad de Aprendizaje 3

1. Los sistemas de alertas de información permiten...

    a. ... recibir información en tiempo real.
    b. ... informar de los cambios de los que seamos responsables.
    c. ... conocer las noticias de última hora a nivel nacional.
    d. ... conocer las noticias de última hora en el mundo.

2. Las alertas de información pueden recibirse mediante...

    a. ... correo electrónico.
    b. ... SMS.
    c. ... aplicaciones de notificación.
    d. Todas las opciones son correctas.

3. Determina si la siguiente oración es verdadera o falsa: "Las alertas de información son útiles para las empresas porque permiten monitorizar la marca".

    ■ Verdadero
    ■ Falso

4. Determina si la siguiente oración es verdadera o falsa: "Las alertas de información son útiles para las empresas porque permiten ayudar a gestionar y dar una respuesta rápida ante las crisis".

    ■ Verdadero
    ■ Falso

5. Determina si la siguiente oración es verdadera o falsa: "Las alertas de información son útiles para las empresas porque permiten recibir información sobre los competidores y el mercado".

    ■ Verdadero
    ■ Falso

Organización del conocimiento con mapas conceptuales

Unidad de aprendizaje 4

Organización del
conocimiento
con mapas
conceptuales

Contenido

Objetivos

El objetivo general de esta Unidad de Aprendizaje es:

→ Diseñar mapas conceptuales para la organización del conocimiento en la empresa.

Los objetivos específicos de esta Unidad de Aprendizaje son:

→ Enumerar los elementos fundamentales de un mapa conceptual.

→ Conocer las herramientas más populares para la creación de mapas conceptuales.

→ Identificar qué aplicaciones puede tener un mapa conceptual en el ámbito empresarial.

→ Crear un mapa conceptual para la presentación de información en la empresa.

1. Introducción

Los mapas conceptuales son herramientas esenciales para la **organización del conocimiento.**

Permiten **organizar ideas y conceptos de forma gráfica,** ofreciendo una representación visual coherente que facilita la comprensión y la asimilación de conocimientos.

Son muy populares en el ámbito educativo, pero no es el único: en el entorno empresarial tiene muchas aplicaciones.

A continuación, verás cuáles son esas aplicaciones, algunas de las herramientas existentes para crear un mapa conceptual y el proceso que hay que seguir para hacerlo.

Para ello, conocerás el caso de Mytalcast, una empresa de decoración que está incrementando su presencia en internet y quiere formar a sus trabajadores en ciberseguridad. Para ello, van a poner en marcha una campaña de concienciación.

2. Los mapas conceptuales: definición y elementos

 HILO CONDUCTOR

Mytalcast está incrementando exponencialmente su presencia en la red, con los riesgos que ello conlleva, por lo que han decidido poner en marcha una campaña de concienciación en ciberseguridad para todas las personas que trabajan en la empresa.

Martina, responsable de la formación, está diseñando la campaña y los elementos que incluirán en ella. Para presentarla ante Pedro, el gerente, ha decidido utilizar un mapa conceptual, que le permitirá a este visualizar de forma clara y comprensible las etapas del proyecto, las responsabilidades, los recursos necesarios, etc.

Los mapas conceptuales son herramientas gráficas que **representan de forma interconectada conceptos e ideas,** así como las relaciones entre ellas.

DEFINICIÓN

Mapa conceptual
"Un mapa conceptual es una herramienta gráfica para organizar y representar el conocimiento. Incluye conceptos, usualmente encerrados en círculos o cajitas de algún tipo, y relaciones entre conceptos indicadas por una línea conectiva que une los dos conceptos".

Novak, J.

Para establecer esas relaciones, en la representación de los mapas conceptuales se usan diferentes **elementos:**

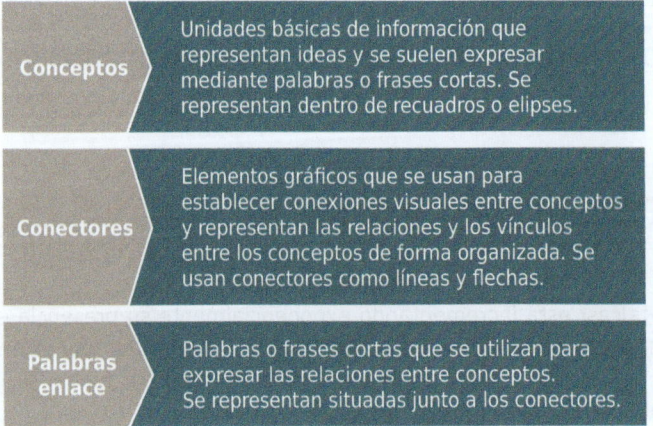

Conceptos	Unidades básicas de información que representan ideas y se suelen expresar mediante palabras o frases cortas. Se representan dentro de recuadros o elipses.
Conectores	Elementos gráficos que se usan para establecer conexiones visuales entre conceptos y representan las relaciones y los vínculos entre los conceptos de forma organizada. Se usan conectores como líneas y flechas.
Palabras enlace	Palabras o frases cortas que se utilizan para expresar las relaciones entre conceptos. Se representan situadas junto a los conectores.

APLICACIÓN PRÁCTICA

Observa el siguiente mapa conceptual. ¿Sabes identificar cada uno de los elementos del mapa?

Continúa en página siguiente >>

<< Viene de página anterior

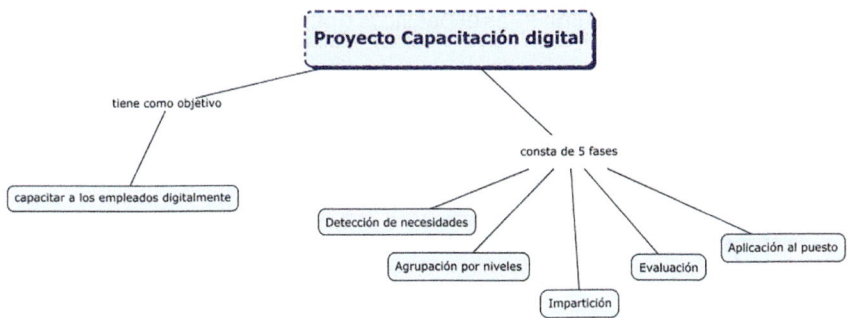

Solución

Los **conceptos** son las unidades básicas de información que representan las ideas y se representan dentro de recuadros.

Los **conectores** son las líneas y flechas que unen los conceptos.

Las **palabras enlace** son las que expresan las relaciones entre los conceptos. Se representan fuera de los recuadros.

3. Herramientas para la creación de mapas conceptuales

☞ HILO CONDUCTOR

Martina quiere que Pedro comprenda todo de forma rápida y sencilla, ya que van un poco ajustados de tiempo y necesita que se apruebe rápido el proyecto para comenzar a ponerlo en marcha.

Ya tiene claro lo que quiere presentar ante Pedro, ahora solo tiene que decidir con qué herramienta hacerlo. Quiere que sea una herramienta fácil de usar, que no requiera una instalación compleja y que no necesite una inversión extra.

Son muchas las herramientas que permiten crear mapas conceptuales, incluso con un procesador de texto podrías crearlos, pero ¿es sencillo el proceso?, ¿existen herramientas específicas que agilizan su creación y diseño?

Efectivamente, son muchas las herramientas que permiten crear mapas conceptuales, pero dentro de estas, hay algunas específicas para ello que te permiten **crear los mapas conceptuales de forma rápida y sencilla,** a la vez que con un diseño atractivo y funcional.

Estas son algunas de ellas:

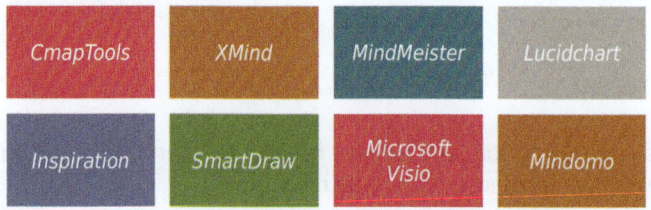

A continuación, verás cómo crear un mapa conceptual con *CmapTools,* una de las herramientas más populares.

3.1. Creación de mapas conceptuales con CmapTools

CmapTools es una herramienta gratuita y versátil diseñada específicamente para la creación de mapas conceptuales. A continuación, verás cómo se usa:

1. **Instala el programa.** Una vez dentro de la página, baja al final y pulsa en **Download,** completa tus datos para descargar el programa e instálalo en tu equipo.

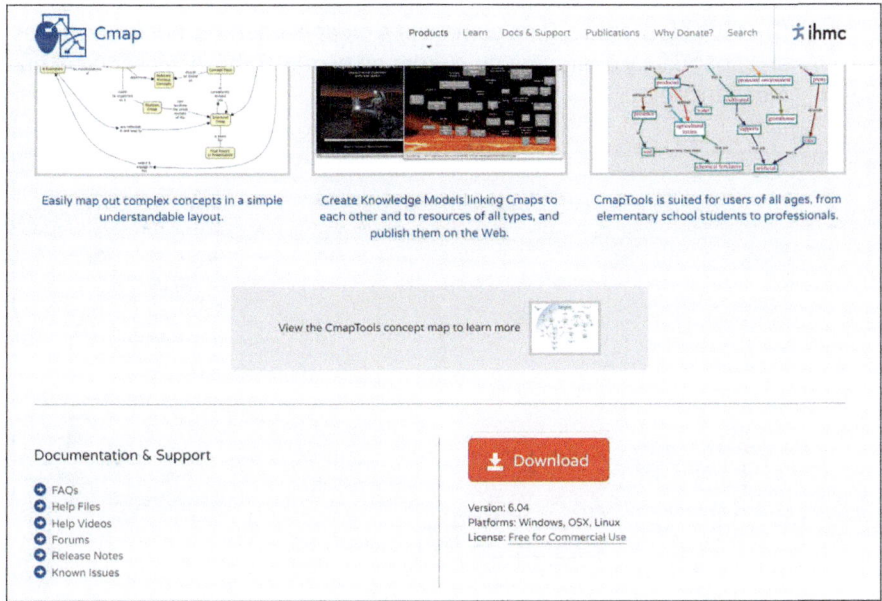

2. **Crea un nuevo documento.** Para crear un mapa conceptual, pulsa en **Archivo → Nuevo Cmap** y se abrirá un documento en blanco.

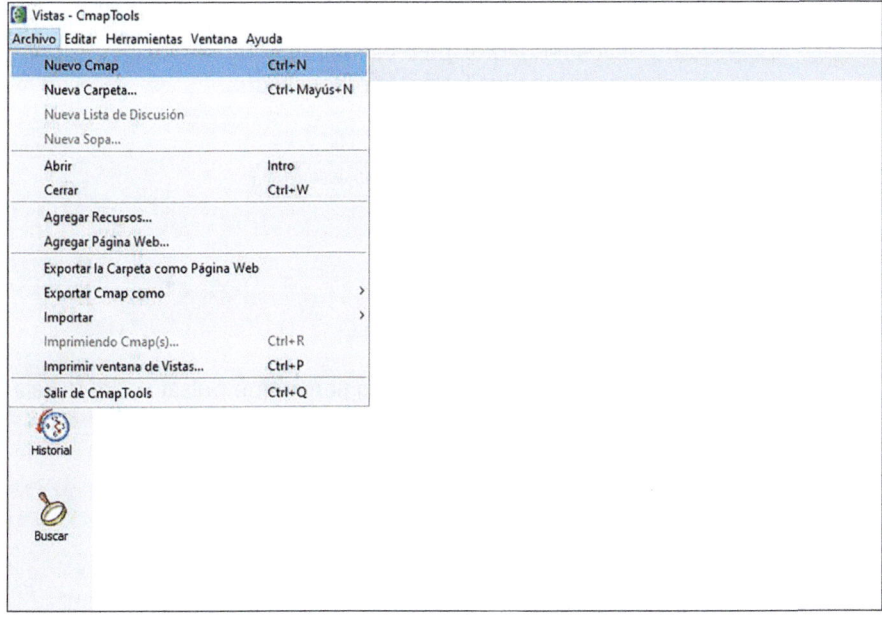

3. **Crea los elementos.** Para comenzar a crear elementos, pulsa dos veces en la pantalla y aparecerá un cuadro en el que empezar a escribir el primer concepto.

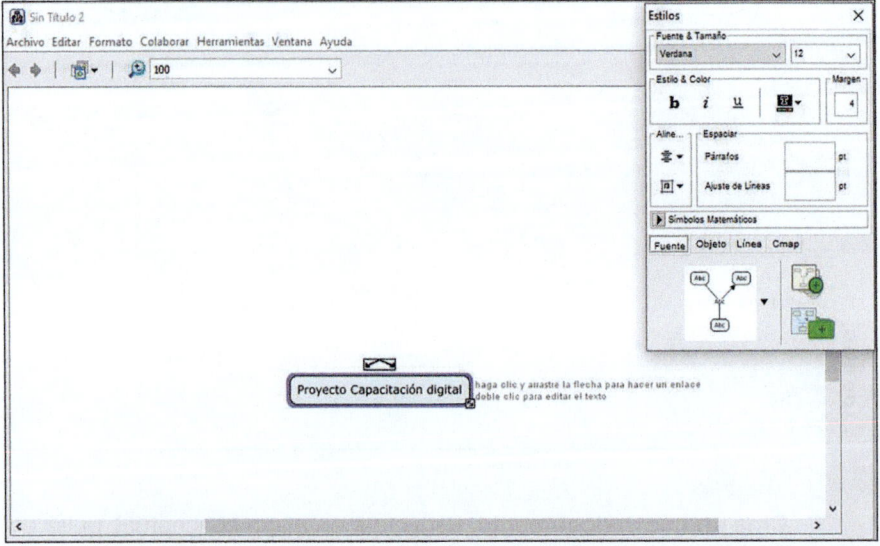

Una vez escrito el texto, pulsa sobre la flecha que aparece y arrástrala hacia el lugar que desees para crear un conector.

Aparecerán nuevos recuadros para escribir la palabra enlace y el concepto con el que se une para formar la proposición.

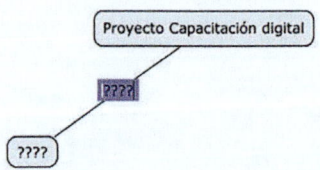

Para seguir incluyendo conceptos, solo tienes que pulsar sobre la caja de la que depende este y arrastrar el conector.

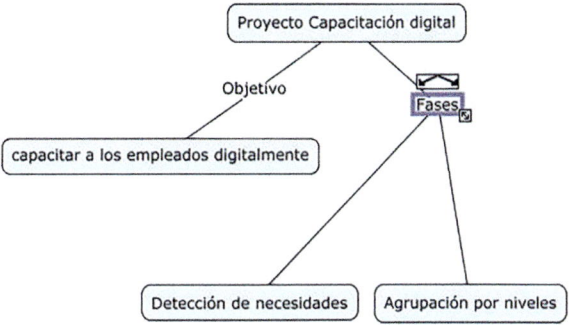

4. **Crea tu diseño.** Los elementos que crees adoptarán en estilo predefinido, pero puedes editarlo en el menú flotante que aparece al situarte sobre los elementos.

   Ahí puedes cambiar la fuente, el tamaño, el color, la forma de los objetos, el color, tamaño del borde, forma de las líneas, etc.

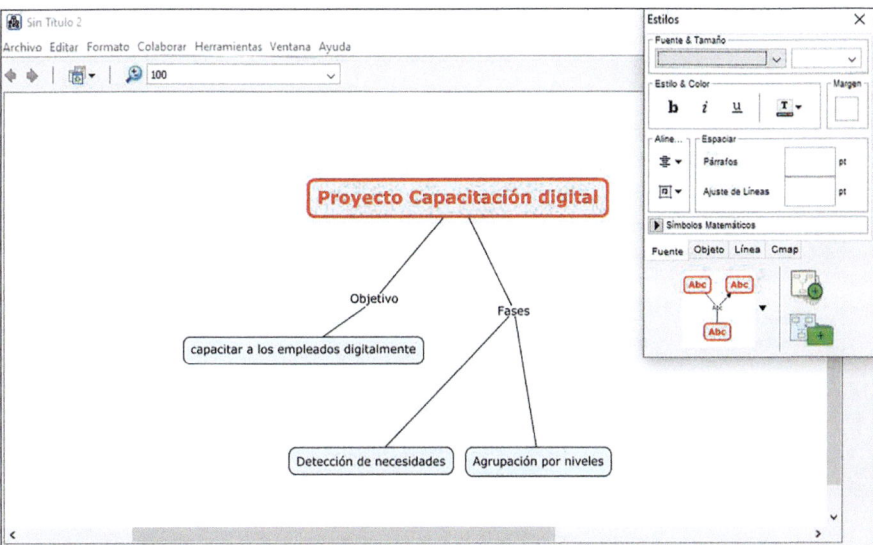

5. **Guarda y exporta el mapa.** Una vez terminado tu diseño, pulsa en **Archivo → Guardar Cmap.**

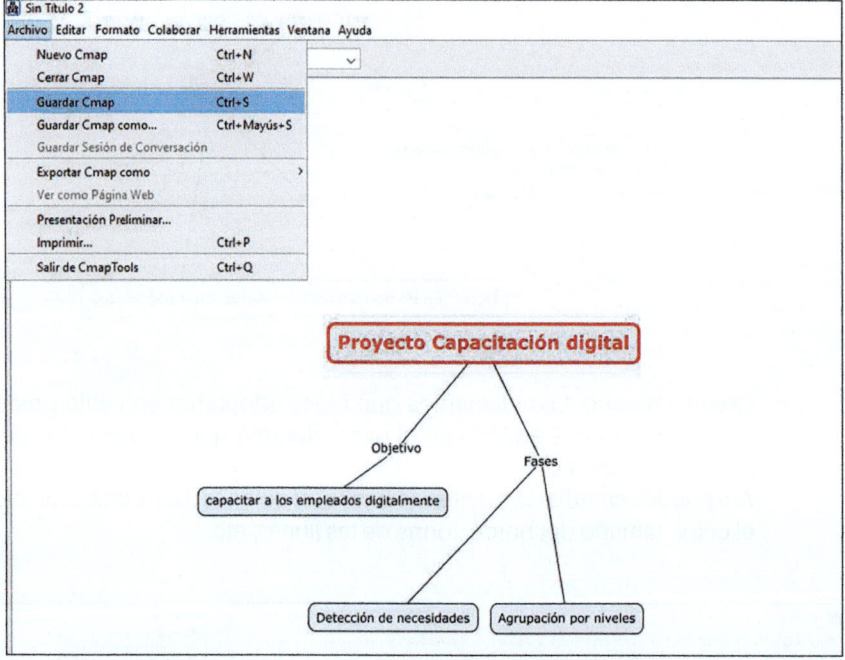

Para descargarlo, puedes hacerlo en diferentes formatos. Para ello, pulsa en **Archivo → Exportar Cmap como** y selecciona la opción que desees.

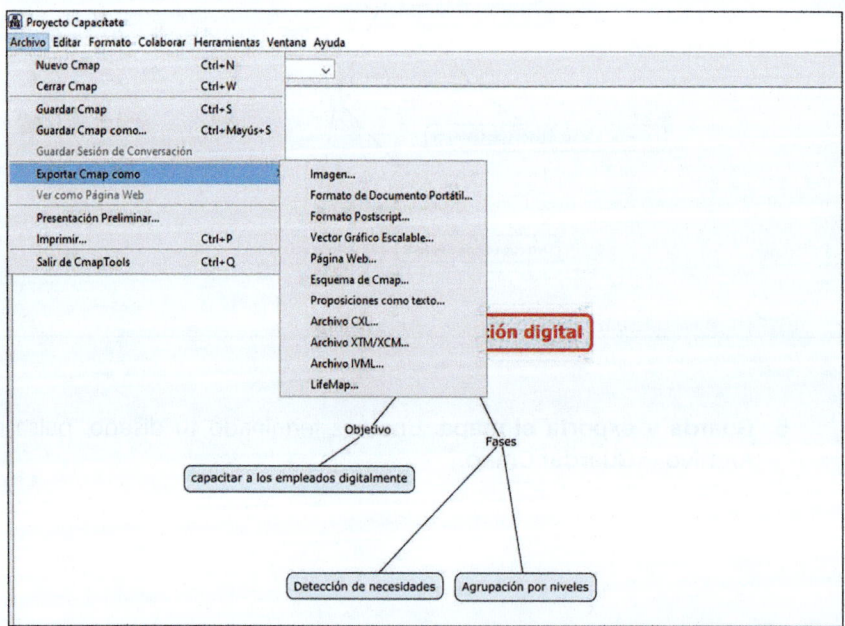

PARA SABER MÁS

Si deseas conocer en profundidad la herramienta *CmapTools* puedes hacerlo accediendo desde aquí:

https://redirectoronline.com/adgg105po0202

 ACTIVIDAD COMPLEMENTARIA

2. Diseña un mapa conceptual con el contenido de tu elección y comparte la imagen con tus compañeros. Analiza los diseños realizados para obtener propuestas de mejora.

4. Usos en el entorno empresarial

 HILO CONDUCTOR

Pedro ha dado su aprobación al proyecto formativo, y es que con el mapa conceptual que le ha preparado Martina le ha quedado todo muy claro. Ha sabido resumir los aspectos clave de este: etapas, responsabilidades, recursos, etc.

Los mapas conceptuales son una herramienta esencial para visualizar y organizar la información de manera clara y estructurada, lo que ayuda a comunicarse de forma efectiva y en la toma de decisiones, algo que resulta de **gran valor en el ámbito empresarial.** Por eso, no es raro ver cómo se hace uso de ellos con **diferentes fines.**

- **Planificación estratégica.** Ayudan a visualizar de forma clara la estrategia general de la empresa, ya que pueden presentar de forma clara objetivos empresariales, recursos, riesgos y oportunidades, así como la interconexión entre todos los componentes.
- **Análisis de procesos.** Permiten entender procesos empresariales complejos, ayudando a identificar áreas de mejora o puntos de ineficiencia.
- **Toma de decisiones.** En un proceso de toma de decisiones complejo, ayudan a visualizar las opciones disponibles, los posibles resultados y las implicaciones de cada opción.
- *Onboarding* **y capacitación.** Permiten explicar la estructura organizacional, las funciones de cada departamento o las etapas de un proceso, por lo que son muy útiles para el proceso de *onboarding* de nuevos empleados o para la adopción de nuevos procesos.
- **Gestión de proyectos.** Permiten visualizar las etapas del proyecto, las responsabilidades, los recursos necesarios y el desglose de tareas.
- **Análisis de mercado y productos.** A la hora de desarrollar un nuevo producto, estudiar a la competencia o un nuevo nicho de mercado, ayudan a organizar la información sobre segmentos de clientes, tendencias del mercado, características de productos, etc.
- **Comunicación.** En las reuniones, permiten la presentación de ideas complejas de forma estructurada, lo que facilita la comprensión por parte de los participantes.
- **Gestión de riesgos.** Pueden ayudar a identificar y analizar posibles riesgos, sus causas y consecuencias, para el desarrollo de estrategias de mitigación.

 TAREA 4

Aurora trabaja en Black Gamer y es la responsable del desarrollo del videojuego estrella de las próximas navidades. Dentro de una semana tiene que presentar el proyecto ante el equipo directivo, por lo que ha decidido crear un mapa conceptual para presentar de forma gráfica y visual la idea. ¿Crees que es la herramienta adecuada para presentar la información?

¿Qué elementos debe incluir Aurora en el mapa? ¿Con qué herramienta podría crearlo?

Analiza si es una buena herramienta para presentar la información y determina los elementos que este debe incluir para cumplir con su objetivo.

Continúa en página siguiente >>

<< Viene de página anterior

Asimismo, ayuda a Aurora a diseñar el mapa conceptual con alguna de las herramientas existentes.

5. Resumen

Los mapas conceptuales son herramientas esenciales para la **organización del conocimiento.** Permiten **organizar ideas y conceptos de forma gráfica,** ofreciendo una representación visual coherente que facilita la comprensión y la asimilación de conocimientos.

Para establecer las relaciones entre esas ideas, en la representación de los mapas conceptuales se usan diferentes elementos: **conceptos, conectores y palabras enlace.**

Y para crearlos, puedes utilizar alguna de las herramientas existentes que permiten crear mapas conceptuales **de forma rápida y sencilla,** a la vez que con un diseño atractivo y funcional. Estas son algunas de ellas:

Los mapas conceptuales son una herramienta de **gran valor y utilidad** en cualquier sector, incluido el ámbito empresarial, en el que puede tener muchas **aplicaciones:**

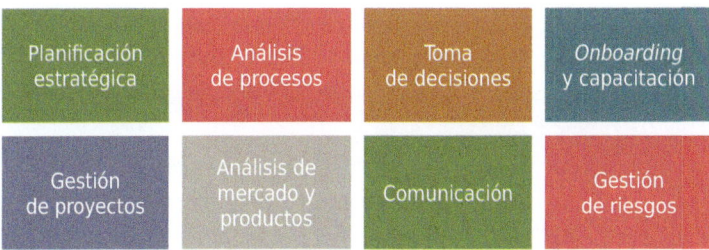

Ejercicios de autoevaluación
Unidad de Aprendizaje 4

1. Los mapas conceptuales permiten...

    a. ... organizar las ideas de forma gráfica.
    b. ... detectar información falsa.
    c. ... recibir información en tiempo real.
    d. Todas las opciones son correctas.

2. Los mapas conceptuales están formados por...

    a. ... conceptos y palabras enlace.
    b. ... conceptos y conectores.
    c. ... conectores y palabras enlace.
    d. ... conceptos, conectores y palabras enlace.

3. Los conceptos de los mapas conceptuales son...

    a. ... unidades básicas de información que representan ideas y se expresan mediante palabras o frases cortas.
    b. ... elementos gráficos que se usan para establecer conexiones visuales entre conceptos.
    c. ... palabras o frases cortas que se utilizan para expresar las relaciones entre conceptos.
    d. Todas las opciones son incorrectas.

4. Los conectores de los mapas conceptuales son...

    a. ... unidades básicas de información que representan ideas y se expresan mediante palabras o frases cortas.
    b. ... elementos gráficos que se usan para establecer conexiones visuales entre conceptos.
    c. ... palabras o frases cortas que se utilizan para expresar las relaciones entre conceptos.
    d. Todas las opciones son incorrectas.

5. Indica cuál de las siguientes no es una herramienta de creación de mapas conceptuales:

a. *CmapTools*
b. *XMind*
c. *MindMeister*
d. *Google Maps*

Identificación, localización y filtrado de fuentes de información

Contenido

Objetivos

El objetivo general de esta Unidad de Aprendizaje es:

→ Evaluar la fiabilidad y validez de las fuentes de información.

Los objetivos específicos de esta Unidad de Aprendizaje son:

→ Clasificar las fuentes de información en función de diferentes criterios.

→ Aplicar criterios para evaluar la fiabilidad y validez de las fuentes de información.

→ Filtrar fuentes de información para localizar información fiable usando herramientas digitales.

1. Introducción

En la actualidad, en la conocida como era digital, la información adquiere una gran relevancia, ya que ha cambiado no solo la forma de acceder a ella, de almacenarla y compartirla, sino **también el valor que se le da y el uso que se hace** de esta en la vida cotidiana: para la toma de decisiones, la adquisición de conocimientos, verificar la fiabilidad de noticias y datos, etc.

En ese contexto, tener la **capacidad crítica** para valorar de forma adecuada la información y las fuentes de las que procede es esencial, ya que la sobrecarga de información y la desinformación existente en la red hacen que se difunda mucha información errónea y noticias falsas.

A continuación, verás cuáles son los distintos tipos de fuentes de los que puede proceder la información y cómo evaluarlas, así como algunas técnicas y herramientas digitales que puedes usar para el filtrado de la información.

Para ello, conocerás el caso de Mytalcast, una empresa de decoración que, entre otras acciones para gestionar su presencia en la red, escriben publicaciones periódicas, para lo cual deben asegurarse de que las fuentes de las que procede la información son fiables.

2. Identificación de fuentes de información

 **HILO CONDUCTOR**

Miranda es la encargada de la comunicación en Mytalcast y de la *newsletter* mensual que publican. Buscando información para uno de sus artículos, ha visto la noticia de que se va a limitar el uso de algunos tipos de madera para la fabricación de muebles y objetos de decoración, pero ¿será esto cierto? Será mejor que busque la información en fuentes fiables.

Las fuentes de información son los sitios, recursos o documentos de los cuales se obtiene la información y datos sobre el tema que nos interese. Estas pueden clasificarse según diferentes **criterios:**

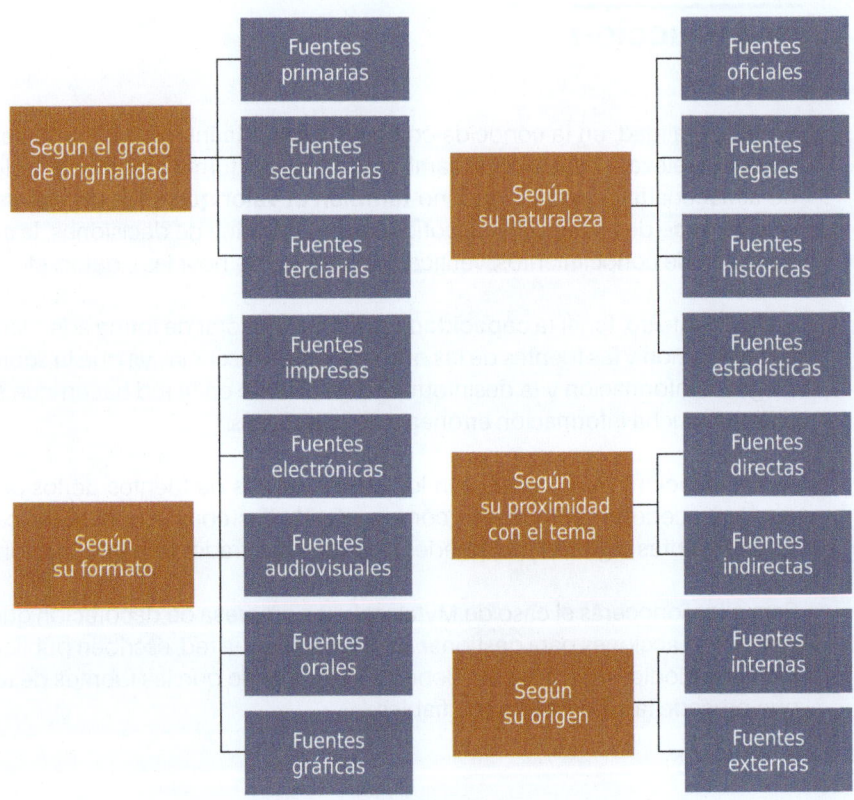

 PARA SABER MÁS

Puedes consultar las características de los distintos tipos de fuentes de información accediendo desde aquí:

https://redirectoronline.com/adgg105po0501

APLICACIÓN PRÁCTICA

Hace 20 años se fundó la empresa en la que trabaja Mercedes y van a celebrar su aniversario, por lo que va a crear una presentación para el evento que tendrá lugar.

Para ello, está recopilando datos de diferentes fuentes: ha consultado informes de la empresa de los que ha obtenido datos de crecimiento económico, ha hablado con las personas que trabajan en ella para conocer su opinión y grado de satisfacción con el trabajo y ha recopilado noticias que han aparecido en los periódicos sobre la organización.

¿Sabes identificar qué tipo de fuentes ha consultado?

Solución

Mercedes ha usado tanto fuentes primarias como secundarias.

Los informes de la empresa son fuentes primarias internas, ya que presentan información original perteneciente a la organización.

La información recogida tras hablar con las personas trabajadoras son fuentes primarias internas y orales, ya que presentan información original recopilada de personas pertenecientes a la empresa, protagonistas de su día a día, y se transmite de forma hablada.

Las noticias de los periódicos son fuentes secundarias, ya que recogen e interpretan información sobre hechos procedentes de fuentes primarias.

3. Evaluación de fuentes

HILO CONDUCTOR

Indagando un poco más, Miranda ha encontrado información contradictoria en varios sitios webs y en la conversación con diferentes personas, y ahora debe valorar cuáles de esas fuentes son fiables.

Para **valorar las fuentes de información,** es importante seguir una serie de **criterios** que te ayuden a determinar su fiabilidad y validez. Estos son los siguientes:

- **Autoridad.** Para valorar la autoridad de una fuente, debes identificar quién es el autor o creador del contenido, si cuenta con credenciales relacionadas con el tema o si la información proviene de una institución o editorial reconocida.
- **Actualidad.** Otro de los aspectos que debes comprobar es la fecha de la publicación o de actualización de esta, y si es importante que sea reciente para el tema tratado.
- **Objetividad.** Hay que valorar el propósito de la publicación en ese medio, si pretende informar, entretener, vender, etc., además de analizar si se presenta de forma imparcial o si presenta algún sesgo evidente.
- **Precisión.** Debes analizar si la información está respaldada con evidencias, referencias o bibliografía que verifique lo que dice. Igualmente, es importante comprobar la forma en que está escrita, si tienes errores gramaticales o de ortografía.
- **Cobertura.** Otro de los aspectos que debes comprobar es la cobertura de la publicación, si profundiza en el tema aportando datos relevantes o si solo lo trata de manera superficial y necesitas otras fuentes para completar la información.
- **Tipo de fuente.** Es importante valorar el tipo de fuente de la que se trata, si es una fuente primaria o secundaria y en qué formato se presenta la información.
- **Procedencia.** La procedencia de las fuentes es un aspecto que también hay que valorar. No es lo mismo que la información provenga de una revista académica o periódico serio que de un vídeo en redes sociales del que se desconoce su autor.
- **Coherencia.** Hay que contrastar fuentes y comprobar si la información que da se corresponde y es coherente con lo que dicen otras fuentes de confianza sobre el mismo tema.
- **Transparencia.** Es importante comprobar si se puede rastrear y verificar la fuente original de la información o si proporcionan datos al respecto.

 ACTIVIDAD COMPLEMENTARIA

3. En el caso de Miranda, que ha visto la noticia de que se va a limitar el uso de algunos tipos de madera para la fabricación de muebles y objetos de decoración, ¿qué tipo de fuentes crees que son más adecuadas para informarse?, ¿qué criterios pueden ayudarla a determinar su validez y fiabilidad?

4. Filtrado de información

👉 **HILO CONDUCTOR**

Miranda ha aplicado algunos criterios de valoración y ha seleccionado algunas de las fuentes que considera más fiables, así podrá filtrar la información y confirmar si la información que ha leído es o no cierta.

Para filtrar la información y obtener aquella que sea fiable y acorde a tus necesidades, dispones de **herramientas digitales** que te ayudan a localizar y organizar fuentes válidas:

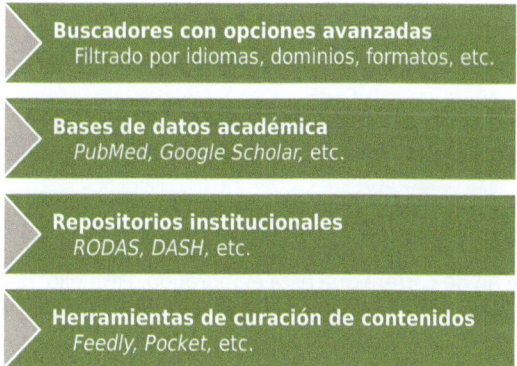

Buscadores con opciones avanzadas
Filtrado por idiomas, dominios, formatos, etc.

Bases de datos académica
PubMed, Google Scholar, etc.

Repositorios institucionales
RODAS, DASH, etc.

Herramientas de curación de contenidos
Feedly, Pocket, etc.

Una vez seleccionada la fuente que se adecue a tus necesidades, para validar la información de los documentos relacionados con la temática que necesitas, puedes aplicar **técnicas de lectura rápida** que te permitan hacerte una idea general del texto o encontrar información específica, sin necesidad de leerlo detenidamente.

Esto te permitirá ir seleccionando o descartando documentos en función de la información concreta que busques.

Es importante validar las fuentes para evitar la desinformación y proteger la integridad del conocimiento.

Alguna de estas técnicas son **skim reading** (lectura superficial) y **scanning** (escaneo).

TAREA 1

Miguel ha buscado información sobre la actual ley de bienestar animal para un trabajo de fin de carrera que está elaborando. Para ello, ha consultado un canal de *YouTube* de un partido político, un periódico digital y el Boletín Oficial del Estado. ¿Qué tipo de fuentes ha consultado? ¿Cómo puede saber si son fiables?

Clasifica las fuentes de información que ha usado Miguel y determina qué criterios puede tener en cuenta para valorar su fiabilidad.

Asimismo, indica qué herramientas digitales puede usar para localizar y filtrar información fiable sobre el tema.

5. Resumen

Las **fuentes de información** son los sitios, recursos o documentos de los cuales se obtiene la información y datos sobre el tema que nos interese. Estas pueden **clasificarse** según diferentes **criterios:**

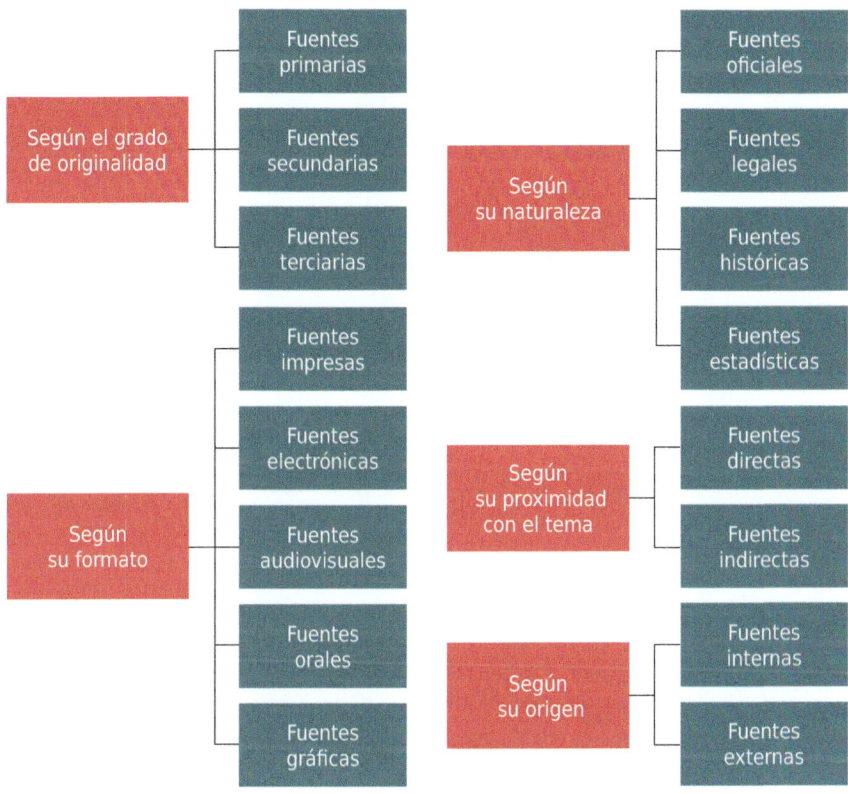

Las **herramientas digitales** serán grandes aliadas para localizar y filtrar la información, pero es importante que esta sea **válida y fiable.**

Ejercicios de autoevaluación
Unidad de Aprendizaje 5

1. ¿Qué son las fuentes de información?

    a. Los sitios, recursos o documentos de los que se obtiene la información que nos interesa.

    b. Los sitios webs y espacios disponibles en internet sobre los temas que nos interesan.

    c. Los sitios y documentos con datos estadísticos sobre los temas que nos interesan.

    d. Todas las opciones son incorrectas.

2. Según su grado de originalidad, las fuentes pueden ser...

    a. ... primarias, secundarias y terciarias.

    b. ... oficiales, legales, históricas y estadísticas.

    c. ... directas e indirectas.

    d. ... internas y externas.

3. Según su origen, las fuentes pueden ser...

    a. ... primarias, secundarias y terciarias.

    b. ... oficiales, legales, históricas y estadísticas.

    c. ... directas e indirectas.

    d. ... internas y externas.

4. Al valorar una fuente de información, se determina su...

    a. ... fiabilidad y validez.

    b. ... origen y autenticidad.

    c. ... viabilidad y objetividad.

    d. Todas las opciones son correctas.

5. Para validar la información de los documentos buscados, ¿qué técnicas se pueden usar?

    a. Técnicas de lectura rápida

    b. Técnicas de síntesis

c. Mapas conceptuales
d. Todas las opciones son correctas.

Interpretación, análisis, síntesis y evaluación de la información recogida

Unidad de aprendizaje 8

Interpretación
análisis, síntesis
y evaluación de
información
personal

Contenido

Objetivos

El objetivo general de esta Unidad de Aprendizaje es:

→ Utilizar el análisis de datos para la toma de decisiones en el entorno empresarial.

Los objetivos específicos de esta Unidad de Aprendizaje son:

→ Identificar diferentes métodos de recogida de datos.

→ Conocer las herramientas informáticas usadas para la organización y el análisis de la información.

→ Sintetizar y evaluar los resultados obtenidos tras el análisis de datos.

→ Crear una estrategia de actuación empresarial basada en el análisis de datos.

1. Introducción

En internet puedes encontrar **gran cantidad y variedad de información** sobre una misma temática, y esto ofrece grandes oportunidades, ya que entre tan ingente cantidad de información podrás encontrar lo que realmente necesitas, pero también supone un **gran reto:** localizar exactamente aquello que buscas.

Por eso es muy importante saber filtrarla, pero con esto no es suficiente: es necesario hacer un **análisis y sintetizar** la información recogida para poder realizar una **interpretación** adecuada de ella y manejarla en función de la finalidad perseguida.

Y es que el **manejo adecuado de la información** dentro de una empresa es esencial para la toma de decisiones, desarrollar estrategias y mantener una ventaja competitiva.

A continuación, verás cómo realizar un análisis adecuado de la información y conocerás algunas herramientas que te ayudarán a organizar e interpretar los datos para usarlos en la toma de decisiones y el desarrollo de actuaciones empresariales.

Para ello, conocerás el caso de Mytalcast, una empresa de decoración que, gracias a su presencia en la red, está creciendo de forma exponencial y tienen que tomar una decisión sobre las estrategias y actuaciones que tienen que seguir a partir de ahora.

2. Recogida de datos

 **HILO CONDUCTOR**

Mytalcast está creciendo de forma exponencial y esto los está sobrepasando, su modelo de negocio se ha quedado obsoleto y los pequeños cambios que han ido introduciendo no han sido suficientes. No saben cómo actuar con todos los cambios que han ocurrido en tan poco tiempo.

Por eso, Pedro, el gerente, ha pensado que sería una buena idea hacer un análisis de la situación y revisar todas las estrategias actuales conforme a los datos obtenidos, así podrán tomar una decisión y adecuar su modelo a la situación actual.

Continúa en página siguiente >>

<< Viene de página anterior

Para ello, lo primero es recopilar todos los datos necesarios para su análisis: visitas web, pedidos *online* y en tiendas, nuevos clientes, etc.

El **análisis de datos** es esencial para las empresas de todos los tamaños, ya que les puede ayudar, entre otras cosas, a mejorar la satisfacción del cliente, reducir costes, mejorar la seguridad y obtener una ventaja competitiva.

Para que este sea útil, es esencial realizar una buena recogida de los datos, que puede hacerse mediante diferentes **métodos:**

- **Trazabilidad y presencia digital.** Hoy en día, toda actividad en la red deja rastro, por lo que se puede obtener gran cantidad de información sobre las acciones y preferencias de las personas usuarias. Puedes saber cuántas personas han visitado un sitio web, qué páginas han visitado, cuánto tiempo han estado activas, las interacciones realizadas, qué navegador han usado, etc.
- **Registros y bases de datos existentes.** Las empresas disponen de registros y bases de datos con información muy variada que puede ser muy útil, como datos financieros, de ventas, siniestralidad, etc.
- **Encuestas.** Son una batería de preguntas que se realizan a las personas y permiten recopilar datos de una muestra. Además, hoy en día, se pueden realizar a través de internet.
- **Observación.** Mediante la observación se pueden recopilar datos sobre el comportamiento de las personas o diferentes situaciones. Esta puede ser directa o indirecta.

 CONSEJO

Extrae datos de diferentes fuentes y cruza esos datos, así obtendrás una visión más completa.

3. Organización e interpretación de la información

 HILO CONDUCTOR

Tras recoger los datos que les interesa, han organizado la información de forma visual mediante un tablero para poder interpretarla adecuadamente y sacar conclusiones en común.

Una vez recogida la información, hay que organizarla y representarla correctamente, para así tener una visión más completa de ella que permita realizar una buena interpretación, sintetizarla, evaluarla y extraer conclusiones que se traduzcan en actuaciones concretas.

Para facilitar esta tarea, hoy en día existen **softwares** y **plataformas analíticas** que pueden ser muy útiles para organizar y presentar la información mediante gráficos o tablas, crear modelos, realizar análisis estadísticos, etc. Estas son algunas de las más utilizadas:

Excel   *Tableau*   *Power BI*

 PARA SABER MÁS

Puedes saber cómo comenzar a utilizar *Power BI*, una de las plataformas de análisis de datos más utilizada accediendo desde aquí:

Continúa en página siguiente >>

<< Viene de página anterior

https://redirectoronline.com/adgg105po0601

Para usar estas aplicaciones, es importante que lo hagas **de forma planifi-cada,** pues recoger gran cantidad de datos no aporta nada si simplemente se almacenan y se hace sin responder a una finalidad u objetivo específico.

 **EJEMPLO**

Una empresa que lleva a cabo un programa de formación puede recoger datos sobre la asistencia y realización de dichas acciones formativas por parte de los empleados para conocer las calificaciones e índices de participación, pero sería más provechoso para ellos si recogen, además, otro tipo de datos que les permitan evaluar su aplicabilidad al puesto de trabajo y el impacto del programa en el rendimiento de los empleados.

Por ello, a la hora de hacer el **análisis de datos,** es importante seguir una serie de pasos:

- **Definir los objetivos.** El primer paso es definir los objetivos de la empresa, para lo que debes preguntarte cuál es la información necesaria para tomar decisiones y qué problemas se pretenden resolver.
- **Recopilar los datos.** El siguiente paso es recopilar los datos necesarios procedentes de diferentes fuentes (bases de datos, encuestas, etc.).
- **Analizar los datos.** Una vez recopilados, se analizan los datos, para lo que pueden ser necesarias técnicas estadísticas, modelos predictivos, etc.
- **Visualizar los datos.** El siguiente paso es organizar los datos analizados de forma visual, para que se puedan comprender fácilmente. Para ello, pueden usarse gráficos y tablas.

⮕ **Comunicar los resultados.** Finalmente, hay que comunicar los resultados del análisis mediante informes, presentaciones, etc.

IMPORTANTE

Para que estas herramientas sean útiles, las empresas deben tener una estrategia clara de análisis de datos en la que deben contemplarse los objetivos de la empresa, los datos que se van a recopilar y los análisis que se van a realizar.

ACTIVIDAD COMPLEMENTARIA

4. Un comercio con presencia tradicional y *online*, tras recopilar y analizar los datos de ventas anuales, ve que ha obtenido grandes beneficios en las ventas *online*, que han aumentado un 80 % y que, sin embargo, en su local tradicional las ventas han decaído y solo generan pérdidas. ¿Qué utilidad crees que tienen estos datos para la empresa?, ¿qué beneficios les reporta?

4. Evaluación y síntesis de la información

👉 HILO CONDUCTOR

Una vez que han recopilado y organizado toda la información, Pedro y su equipo tendrán que establecer una serie de criterios para evaluar los datos obtenidos y ver cuáles pueden ser útiles y cuáles no para el objetivo perseguido.

Con todo ello, podrán cruzar datos para sintetizar la información que les interesa.

Tras organizar e interpretar los datos recogidos, hay que sintetizar la información obtenida y evaluar los resultados del análisis realizado.

Para ello, hay que seguir estos **pasos:**

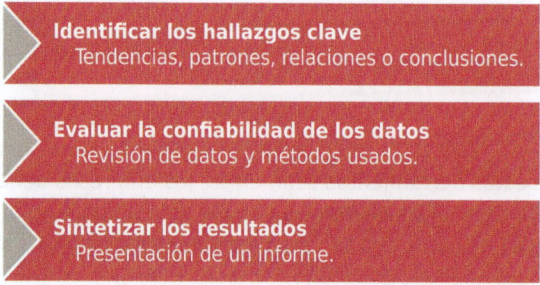

5. Aplicación en el entorno empresarial

👉 **HILO CONDUCTOR**

Finalmente, tras analizar e interpretar toda la información recogida, ha llegado el momento de tomar decisiones.

Para ello, Pedro convoca a su equipo y les presenta una propuesta sobre los nuevos pasos que cree que debería seguir la empresa. Además, les pide que ofrezcan su punto de vista y su opinión al respecto, ya que entre todos seguro que saldrán soluciones más innovadoras que les permitan seguir creciendo en el mercado.

Una vez analizados de datos, se obtendrán unas **conclusiones claras sobre el análisis realizado** que permitirán a la empresa disponer de una base informativa sólida, que tendrá gran utilidad para la **toma de decisiones** que hará posible la **creación de estrategias de actuación** para innovar, resolver problemas o mejorar procesos y operaciones.

IMPORTANTE

En el proceso de análisis de datos hay que respetar la privacidad y tener en cuenta la protección de datos, haciendo un uso ético de la información y cumpliendo la normativa vigente en todo momento.

TAREA 6

Felicia es la gerente de una empresa de venta de calzado que tiene varias tiendas tradicionales en Galicia, País Vasco y Cataluña y comercio *online,* cuyo objetivo es incrementar las ventas respecto al año anterior. Para ello, tienen que poner en marcha nuevas estrategias que les permitan impulsar el negocio.

Tras ver algunos de los datos que le han pasado desde el Departamento de Ventas, ha comprobado que el número de visitas a su web ha aumentado un 30 % este mes, la mayoría procedentes de La Coruña, pero también tienen bastantes de Andalucía, aunque ninguna de las nuevas visitas recibidas se ha traducido en ventas. Sin embargo, en las dos tiendas que tienen en Galicia sí se han incrementado notablemente las ventas. El resto de las tiendas tradicionales mantienen el nivel de ventas. ¿Crees que esta información puede resultar útil para la empresa? ¿Qué métodos crees que han usado para obtener dicha información?

Identifica los diferentes métodos de recogida de datos que han podido utilizar para obtener dichos datos y selecciona una herramienta que pueda serle útil para organizar y analizar la información.

Finalmente, teniendo en cuenta las características de la empresa, los resultados de ventas y el objetivo que persiguen, sintetiza y evalúa los resultados obtenidos e indica qué estrategias o actuaciones podrían plantearse poner en marcha para alcanzar dicho objetivo.

6. Resumen

En internet puedes encontrar gran **cantidad y variedad de información** y es muy importante saber filtrarla para **recoger la información** que se necesita, hacer un **análisis** de ella y **sintetizarla** para poder realizar una **interpretación** adecuada y manejarla en función de la finalidad perseguida.

La **recogida de los datos** puede hacerse mediante diferentes **métodos:**

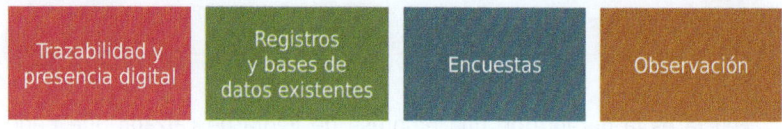

| Trazabilidad y presencia digital | Registros y bases de datos existentes | Encuestas | Observación |

Una vez recogida la información, hay que organizarla y representarla correctamente, para así tener una visión más completa de ella y, hoy en día, existen *softwares* **y plataformas analíticas** que pueden ser muy útiles para esta labor, como *Excel, Tableau* o *Power BI.*

Tras organizar e interpretar los datos recogidos, hay que sintetizar la información obtenida y evaluar los resultados del análisis realizado. Para ello, hay que seguir estos **pasos:**

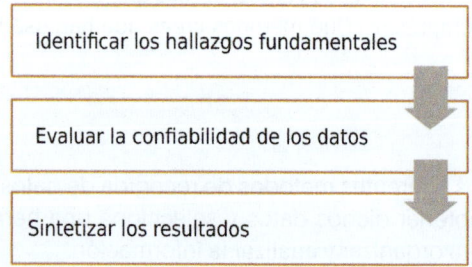

Identificar los hallazgos fundamentales

Evaluar la confiabilidad de los datos

Sintetizar los resultados

Finalmente, se obtendrán unas **conclusiones claras sobre el análisis realizado** que permitirán a la empresa disponer de una base informativa sólida que tendrá gran utilidad para la **toma de decisiones** que hará posible la **creación de estrategias de actuación** para innovar, resolver problemas o mejorar procesos y operaciones.

Ejercicios de autoevaluación
Unidad de Aprendizaje 6

1. El análisis de datos es esencial para las empresas porque ayuda a...

   a. ... mejorar la satisfacción del cliente.
   b. ... reducir costes.
   c. ... mejorar la seguridad.
   d. Todas las opciones son correctas.

2. ¿Cuál de los siguientes no es un método para la recogida de información?

   a. Trazabilidad y presencia digital
   b. Mapas conceptuales
   c. Encuestas
   d. Observación

3. ¿Cuál es el método que consiste en una batería de preguntas que se realizan a las personas y permiten recopilar datos de una muestra?

   a. Las bases de datos
   b. Los registros
   c. Las encuestas
   d. La observación

4. ¿Cuál de los siguientes no es un *software* analítico?

   a. *Excel*
   b. *Tableau*
   c. *Power Bi*
   d. *XMind*

5. Ordena los pasos que se siguen en el análisis de datos:

   - Analizar los datos
   - Recopilar los datos
   - Definir los objetivos
   - Comunicar los resultados
   - Visualizar los datos

La identidad digital de la empresa en internet

Unidad de aprendizaje 7

La identidad digital
de la empresa en
internet

Contenido

Objetivos

El objetivo general de esta Unidad de Aprendizaje es:

→ Gestionar adecuadamente la identidad digital en el ámbito empresarial.

Los objetivos específicos de esta Unidad de Aprendizaje son:

→ Identificar los elementos de la identidad digital.

→ Especificar las acciones que tanto las personas trabajadoras como la propia empresa deben realizar para gestionar adecuadamente su identidad digital.

→ Enumerar las recomendaciones que deben seguirse para proteger la identidad digital de una empresa.

1. Introducción

Con el auge de internet, tanto las personas como las empresas y organizaciones tienen presencia de un modo u otro en la red, y esa presencia conforma su **identidad digital.**

La identidad digital de una empresa adquiere gran relevancia e influye en la empresa en su conjunto, ya que la información que haya de esta en la red afecta a su reputación y se verá también reflejada en el plano físico tradicional.

Igualmente, es importante tener en cuenta la **identidad digital de las personas** que trabajan en la empresa, ya que estos también forman parte de ella y, por tanto, contribuyen a la construcción de su identidad digital.

A continuación, verás qué es exactamente la identidad digital y los elementos que forman parte de ella, así como la forma adecuada de gestionarla y protegerla.

Para ello, conocerás el caso de Mytalcast, una empresa de decoración que ha incrementado recientemente su presencia en la red y, para gestionar adecuadamente su identidad *online,* pusieron en marcha una serie de políticas de uso de redes sociales y presencia *online* para empleados, así como una campaña de concienciación y formación.

2. Identidad digital y reputación *online*

👉 HILO CONDUCTOR

Hace un tiempo, Pedro, el gerente de Mytalcast, vio algunos comentarios negativos e, incluso, algún bulo circulando por ahí sobre la empresa, y lo más preocupante, ciertos comportamientos de algunos empleados en la red que podían afectar a su reputación *online.*

Por eso decidieron tomar medidas para hacer una mejor gestión de su identidad *online* y pusieron algunas acciones en marcha, como la creación de políticas de uso de redes sociales y presencia *online* para empleados y una campaña de concienciación y formación.

La **identidad digital** y la **reputación** *online* son dos conceptos que debes tener en cuenta si tienes presencia *online:* el primero indica "lo que eres" y el segundo, "lo que los demás piensan de ti".

DEFINICIÓN

Identidad digital
Conjunto de la información sobre un individuo o una organización expuesta en internet (datos personales, imágenes, registros, noticias, comentarios, etc.) que conforma una descripción de dicha persona en el plano digital.

Además, debes tener en cuenta que **tu identidad digital influirá en la de tu empresa,** por lo que debes saber comportante de forma correcta en la red. Y es que **toda la información que se publique,** lo haga la empresa, las personas que trabajan en ella o los usuarios de la red, formará parte de la **identidad digital** de la empresa y contribuirá a la definición de su reputación.

SABÍAS QUE...

Todo lo que subas a internet quedará **accesible** en la red, incluso si se elimina.

3. Elementos de la identidad digital

☞ HILO CONDUCTOR

Dentro de la campaña de concienciación y formación que han puesto en marcha en Mytalcast, están haciendo mucho hincapié en las implicaciones que puede tener para la empresa un comportamiento inadecuado o imprudente de los empleados en la red, por lo que es importante que conozcan cada elemento que forma parte de su identidad y lo tengan en cuenta a la hora de gestionar su identidad.

La identidad digital de una persona o una empresa en la red está formada por varios **elementos** que ayudan a **establecer su descripción y verificar quién es. Estos son los siguientes:**

- **Identificador:** nombre de usuario, *e-mail,* etc.
- **Credenciales de acceso:** contraseña, patrón, etc.
- **Información personal:** nombre, apellidos, número de teléfono, etc.
- **Imágenes:** fotografías de cuentas, redes sociales, etc.
- **Firma digital:** firma en línea
- **Certificado digital:** documento para verificar autenticidad.
- **Actividad en línea:** historial, registros de acceso, comentarios, etc.
- **Información de terceros:** comentarios, información en redes sociales, etc.

APLICACIÓN PRÁCTICA

Raquel está analizando su presencia en la red y, para ello, ha tenido en cuenta varios elementos. ¿Sabrías identificar cuáles de ellos forman parte de su identidad digital?

Solución

Los elementos que forman parte de la identidad digital son estos:

- Identificador
- Credenciales de acceso
- Información personal
- Imágenes
- Firma digital
- Certificado digital
- Actividad en línea
- Información de terceros

Las menciones y reseñas forman parte de la reputación *online.*

4. Gestión de la identidad digital

☞ HILO CONDUCTOR

Otra de las acciones que han puesto en marcha es la creación de políticas de uso de redes sociales y presencia *online* para empleados. Conociendo esas políticas de uso, las personas podrán saber cómo actuar en cada momento y evitar acciones que puedan poner en riesgo la seguridad y la reputación de la empresa.

Gestionar adecuadamente la identidad digital implica llevar a cabo **buenas prácticas de seguridad, educación, uso de herramientas de seguridad** y, sobre todo, una **actitud consciente** para la protección de la información en línea.

Por lo tanto, tanto las personas de forma particular como la empresa en su conjunto deberán seguir una serie de **recomendaciones para realizar una buena gestión** de la identidad:

Cada persona debe...	La empresa debe...
... tener cuidado con las publicaciones (temática, opiniones, netiqueta, etc.).	... tener cuidado con las publicaciones (temática, opiniones, netiqueta, etc.).
... ser consciente de lo que comparte.	... formar a las personas trabajadoras para que gestionen su identidad digital adecuadamente, evitando que aspectos y publicaciones personales afecten al ámbito profesional.
... usar sus datos con seguridad (contraseñas seguras, doble factor de autenticación, etc.).	... establecer políticas claras sobre las prácticas permitidas, aspectos de seguridad, el manejo de la información, etc.
... configurar la privacidad de sus dispositivos y cuentas.	... gestionar accesos y roles.
... seguir las políticas de la empresa (uso de identidad corporativa, credenciales, etc.).	... monitorizar la imagen de la marca en la web y su reputación *online*, para mantener la reputación con acciones proactivas y definir la forma de responder ante diferentes situaciones.
... notificar cualquier incidente a la empresa.	... contar con planes de gestión de incidentes y planes de gestión de crisis *online*.

SABÍAS QUE...

Al igual que no te comportas de la misma forma en el trabajo que con tus amigos, tu forma de actuar tampoco debe ser la misma en todos los contextos de internet. Por ello, existen una serie de normas, conocidas como netiqueta, que te ayudarán a saber cómo desenvolverte y expresarte en cada caso.

 ACTIVIDAD COMPLEMENTARIA

5. Las normas de netiqueta te ayudarán a saber cómo actuar y expresarte de forma general en la red y en cada espacio de internet (chat, foros, redes sociales, etc.).

   En esta actividad deberás buscar información sobre dichas normas y elabora un listado de normas generales de netiqueta.

5. Protección de la identidad digital

 HILO CONDUCTOR

Proteger la identidad digital es esencial para mantener la seguridad en línea y evitar suplantaciones de identidad que afecten a la seguridad de la empresa, por eso, en las políticas creadas por la compañía se establecen las directrices de seguridad que deben seguirse. Este es uno de los mensajes principales que se ha querido transmitir en las campañas de concienciación, porque la seguridad es responsabilidad de todos.

Como has visto, es necesario gestionar de forma correcta tu identidad digital, ya que esta puede influir en muchos aspectos y afectar a la seguridad personal y de la empresa.

EJEMPLO

Registrarse en un sitio web de ocio usando el correo corporativo e, incluso, la misma contraseña, es una mala práctica, ya que exponer los datos de la empresa en sitios que pueden no ser seguros puede comprometer la seguridad de toda la organización, puesto que implica el riesgo de que se produzcan robos de datos, suplantaciones de identidad, etc.

Por lo tanto, la **prevención y la atención constante a la seguridad** son esenciales para mantener la identidad digital segura.

➔ Algunas **recomendaciones** que debes seguir son estas:

- Usa contraseñas seguras.
- Activa la autenticación de dos factores (2FA).
- Utiliza gestor de contraseñas.
- Actualiza tus aplicaciones y dispositivos.
- No compartas información personal por correo electrónico.
- Ten cuidado con los mensajes sospechosos (no pulses enlaces ni abras adjuntos).
- No te conectes a redes públicas.
- Configura tu privacidad en redes sociales.
- Gestiona tus cuentas (revísalas periódicamente).
- Conoce la actualidad (infórmate de los ataques más novedosos).
- Protege los datos (haz copias de seguridad y no compartas información de forma indebida).

RECUERDA

Gestionar adecuadamente la identidad digital en la empresa es crucial para mantener la seguridad, usar eficazmente los recursos y estar presente en un mundo digital en el que hay amenazas constantes.

TAREA 7

Ricardo trabaja en una empresa que tiene gran presencia *online* y maneja incluso información de carácter confidencial, por lo que le han advertido que debe tener cuidado con su forma de actuar en internet, ya que su identidad digital y la de la empresa están estrechamente relacionadas. ¿Con qué elementos de esta debe tener cuidado Ricardo?, ¿qué recomendaciones debe seguir para gestionar adecuadamente su identidad y protegerla?

Identifica los elementos de la identidad digital que debe tener en cuenta Ricardo y cómo debe actuar para gestionar adecuadamente su identidad y protegerla.

Asimismo, especifica qué actuaciones deben realizar por parte de la empresa para gestionar adecuadamente su identidad digital.

6. Resumen

La **identidad digital** de una persona o una empresa en la red es el conjunto de información expuesta en internet y está formada por varios **elementos:**

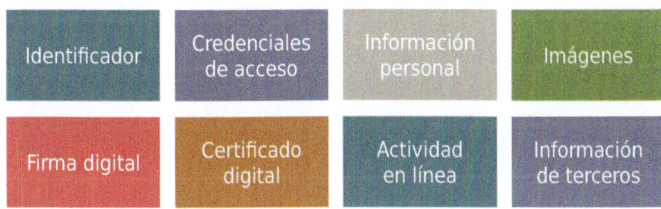

Hay que gestionarla adecuadamente para conseguir una buena **reputación** *online,* es decir, que lo usuarios de la red tengan una buena opinión de la persona o la empresa.

Para ello, hay que seguir una serie de **recomendaciones** entre las que se incluye tener cuidado con las publicaciones (temática, opiniones, netiqueta, etc.), ser consciente de lo que se comparte, usar los datos con seguridad, configurar la privacidad, seguir las políticas de la empresa y, ante cualquier incidente, notificarlo a la empresa.

Por su parte, la empresa debe establecer unas políticas claras sobre las prácticas permitidas, aspectos de seguridad, el manejo de la información, etc., y concienciar a las personas trabajadoras sobre la importancia de seguirlas. Además, deben monitorizar la imagen de la marca en la web y su reputación *online,* y contar con planes de gestión de incidentes y planes de gestión de crisis *online.*

Una vez construida esa identidad, hay que **protegerla para evitar amenazas y ataques** cibernéticos. Estas son algunas de las **recomendaciones** que hay que seguir:

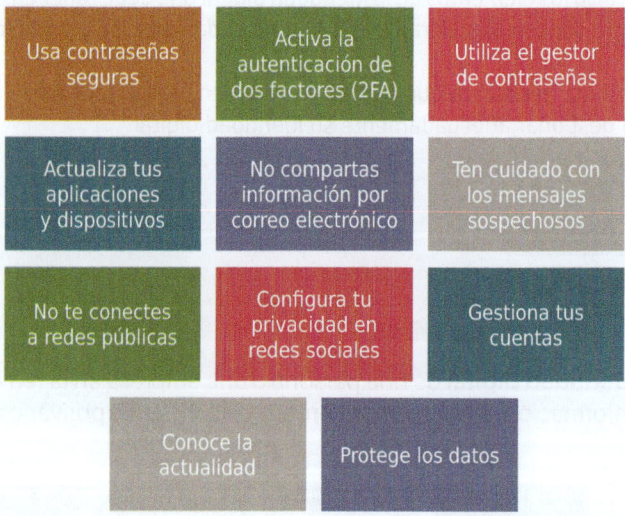

Ejercicios de autoevaluación
Unidad de Aprendizaje 7

1. Al eliminar información publicada en internet...

a. ... se elimina todo rastro de ella.
b. ... sigue estando accesible para la persona que lo publica.
c. ... sigue estando accesible en la red.
d. No se puede eliminar una publicación.

2. Indica si la siguiente frase es verdadera o falsa: "Tu identidad digital influirá en la de tu empresa".

■ Verdadero
■ Falso

3. Indica cuál de los siguientes elementos no forma parte de la identidad digital:

a. Nombres de usuario
b. Contraseñas
c. Fotografías de redes sociales
d. Configuración de privacidad en redes sociales

4. Indica cuál de las siguientes recomendaciones debe seguir cada persona para gestionar adecuadamente su identidad digital:

a. Tener cuidado con las publicaciones (temática, netiqueta, etc.).
b. Configurar la privacidad de las cuentas.
c. Configurar la privacidad de los dispositivos.
d. Todas las opciones son correctas.

5. Indica cuál de las siguientes recomendaciones debe seguir la empresa para gestionar adecuadamente la identidad digital:

a. Establecer políticas claras sobre las prácticas permitidas.
b. Configurar la privacidad de las cuentas.
c. Configurar la privacidad de los dispositivos.
d. Todas las opciones son correctas.

Pautas de seguridad digital en la red

Pautas de seguridad digital en la red

Contenido

1. Introducción
2. Principales riesgos de seguridad en la red
3. Recomendaciones de seguridad
4. Resumen

Objetivos

El objetivo general de esta Unidad de Aprendizaje es:

→ Aplicar las medidas de seguridad necesarias para prevenir los riesgos y contribuir a mantener la ciberseguridad en la empresa.

Los objetivos específicos de esta Unidad de Aprendizaje son:

→ Identificar las principales amenazas cibernéticas.

→ Seguir las recomendaciones de ciberseguridad para evitar amenazas.

1. Introducción

Con el auge de internet, tanto las personas como las empresas y organizaciones tienen presencia de un modo u otro en la red, y esa incrementa los **riesgos de seguridad** existentes.

Cada vez son más las **amenazas** que existen y los ataques son más sofisticados: *phishing, malware, ransomware, spyware,* etc. Hay que saber **identificar y evitar** estas amenazas para que no se produzca **robo de datos o suplantación de identidad.**

A continuación, verás cuáles son algunas de las amenazas más frecuentes y las recomendaciones que hay que seguir para evitarlas.

Para ello, conocerás el caso de Mytalcast, una empresa de decoración que ha incrementado recientemente su presencia en la red y, para minimizar los riesgos, han puesto en marcha una campaña de concienciación y formación sobre el comportamiento en la red que también incluye aspectos de ciberseguridad.

2. Principales riesgos de seguridad en la red

👉 **HILO CONDUCTOR**

En Mytalcast han puesto en marcha una campaña de concienciación y formación sobre el comportamiento en la red en la que también tratan aspectos de ciberseguridad.

Antes de comenzar la campaña, hicieron un simulacro de ataque por *phishing* y un alto porcentaje de las personas que trabajan en la empresa han sido víctimas de él, lo que ha demostrado que realmente es muy necesario que conozcan todos los tipos de ataques existentes, pero, sobre todo, cómo identificarlos y cómo actuar para prevenirlos y para minimizar los daños si se producen.

Como has visto, es muy importante saber identificar las amenazas existentes, y es que, si el ataque Mytalcast hubiese sido real, los ciberdelincuentes habrían podido acceder a los sistemas de la empresa sin ninguna dificultad.

Por tanto, es esencial saber en qué consiste las **técnicas que usan los ciberdelincuentes** para evitar caer en ellas.

Estas son algunas de las más utilizadas, pero hay muchas variantes con las que los ciberdelincuentes llevan a cabo **el robo de datos, la suplantación de identidad o causan daños en los equipos,** en muchos casos para chantajear a las víctimas y pedir rescates económicos.

Por eso es importante **concienciar a los empleados,** porque en la mayoría de las ocasiones, son la puerta de entrada del ataque, los responsables de que se produzca con éxito al no actuar con el debido cuidado (pulsan enlaces de correo sospechosos, hacen mal uso de las contraseñas, etc.).

<◎> **EJEMPLO**

Olivia ha recibido un correo electrónico de su banco en el que le solicitan que cambie sus datos de acceso a la oficina virtual, porque ha habido un ciberataque a la entidad que hace necesario cambiar su contraseña lo antes posible para evitar riesgos. Ella pulsa en el enlace que le facilitan y cambia los datos.

Al pasar un tiempo, se entera de que han accedido de forma fraudulenta a sus cuentas y es que se trataba de un ataque de *phishing*.

Ante estas situaciones, es importante no pulsar nunca en los enlaces de los correos ni proporcionar información personal por este medio, ya que tu banco no te solicitará nunca información de este tipo por correo electrónico.

3. Recomendaciones de seguridad

☞ HILO CONDUCTOR

Las personas que han sido víctimas del supuesto ciberataque han quedado impresionadas, ya que el correo parecía muy real.

Ismael ha sido uno de ellos y esta acción ha despertado en él realmente el interés por la formación en ciberseguridad: es clave para protegerse y proteger la empresa.

- -

Ante un ciberataque, lo importante es **estar alerta** para saber identificar cualquier indicio sospechoso. Además, debes incorporar a tu rutina unas **pautas de seguridad** que te ayuden a protegerte.

⮑ **En el uso de equipos y servicios de la empresa**

- No uses los equipos de la empresa para fines personales.
- Si te ausentas de tu puesto, bloquea el equipo: no dejes información a la vista de otras personas.
- Ten cuidado al almacenar información en medios de almacenamiento externos (USB, nubes de almacenamiento públicas, etc.).
- No uses los datos que manejas con fines distintos a los previstos.
- No descargues ni instales programas que provengan de dispositivos de almacenamiento externos o páginas no oficiales.

⮑ **En los accesos y uso de contraseñas**

- Usa contraseñas seguras: que tengan, al menos, 8 caracteres de diferentes tipos (mayúsculas, minúsculas, números, caracteres especiales, etc.) y que no contengan información personal fácilmente deducible.
- Gestiona tus contraseñas: no uses la misma contraseña para todo. Una buena práctica es usar un gestor de contraseñas.
- No compartas tus contraseñas con nadie, no las escribas en papel o las almacenes en lugares visibles o accesibles.

⮑ **En el uso del correo electrónico**

- No uses el correo de la empresa con fines personales ni para registrarte en sitios webs no profesionales.

◑ No pulses en enlaces sospechosos ni inicies sesión desde un enlace que te hayan enviado por correo, ve directamente al sitio web.

◑ No descargues archivos adjuntos de electrónicos no solicitados o de remitentes desconocidos.

◑ Si recibes un correo sospechoso, verifica que la dirección del remitente sea correcta y que sea quien dice ser.

◑ No compartas información personal por correo electrónico. Si no hay más remedio, cífrala antes.

PARA SABER MÁS

Puedes cifrar documentos, pero también las comunicaciones o todo tu disco duro. Para ello accede desde aquí a la guía para el cifrado de información:

https://redirectoronline.com/adgg105po0801

ACTIVIDAD COMPLEMENTARIA

6. Elías es conductor de autobús y trabaja en una conocida empresa del sector. Recientemente, ha comenzado a usar las redes sociales y para registrarse ha usado la dirección de correo que le han facilitado en la empresa: no tiene otra. Como, además, tiene mala memoria, ha usado la misma contraseña que usa para acceder a los sistemas de la empresa: su fecha de nacimiento. ¿Qué errores ha cometido?, ¿a qué amenazas puede verse expuesto por sus acciones?

TAREA 8

Marina trabaja en Manikens, una empresa de ámbito nacional que cuenta con varias sedes y unas 800 personas en plantilla, y ha recibido este correo electrónico:

Actualización de página web

De   Departamento de RR. HH. <personal@manirens.com>

Para (marina.lis@manikens.es X)

Actualización de página web

Estimada Senora Lis,

Hemos actualizado nuestra página web.
Para acceder al área de empleados, identifíquese en el nuevo portal a través del siguiente enlace: http://intranet.manirens.com.
Le recomendamos que lo haga lo antes posible, el antiguo portal será dado de baja en 10 días.

Atentamente,
Dep. RR. HH.

Como tenía dudas sobre su autenticidad, ha llamado a recursos humanos para preguntar y le han dicho que, efectivamente, era un correo fraudulento. ¿Qué tipo de ataque están realizando al enviar este correo?, ¿qué elementos hacen sospechar que es fraudulento?

Identifica a qué amenaza se está enfrentando Marina y qué elementos evidencian que es fraudulento.

Asimismo, especifica qué recomendaciones de seguridad debería seguir al recibir un correo de este tipo.

- -

4. Resumen

Con el auge de internet y el uso constante que se hace de las tecnologías, se han incrementado los riesgos de seguridad existentes. Cada vez son más las **amenazas cibernéticas** y los ataques son cada vez más sofisticados:

phishing, malware, ransomware, spyware, etc. Hay que saber **identificar y evitar** estas amenazas para que no se produzca **robo de datos o suplantación de identidad.**

Para ello, es importante seguir estas recomendaciones generales:

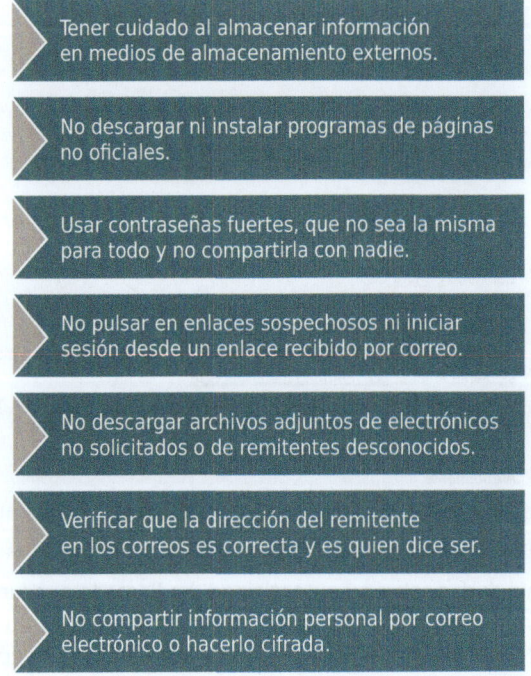

Tener cuidado al almacenar información en medios de almacenamiento externos.

No descargar ni instalar programas de páginas no oficiales.

Usar contraseñas fuertes, que no sea la misma para todo y no compartirla con nadie.

No pulsar en enlaces sospechosos ni iniciar sesión desde un enlace recibido por correo.

No descargar archivos adjuntos de electrónicos no solicitados o de remitentes desconocidos.

Verificar que la dirección del remitente en los correos es correcta y es quien dice ser.

No compartir información personal por correo electrónico o hacerlo cifrada.

Ejercicios de autoevaluación
Unidad de Aprendizaje 8

1. La mayoría de los ciberataques tienen como finalidad...

    a. ... suplantar la identidad.
    b. ... robar datos.
    c. ... causar daños en los equipos.
    d. Todas las opciones son correctas.

2. La mayoría de los ciberataques se producen por...

    a. ... descuidos de los trabajadores.
    b. ... protección inadecuada de equipos.
    c. ... colaboraciones de personas pertenecientes a la organización.
    d. Todas las opciones son incorrectas.

3. Los principales ataques que se producen son...

    a. ... *phishing y malware.*
    b. ... *smishing y ramsomware.*
    c. ... *Spyware.*
    d. Todas las opciones son correctas.

4. Para garantizar tu seguridad, al acceder a sitios webs y aplicaciones debes...

    a. ... usar la misma contraseña para todos los sitios.
    b. ... usar el mismo usuario para todos los sitios.
    c. ... usar contraseñas que solo conozcas tú.
    d. Todas las opciones son correctas.

5. Si necesitas compartir información personal por correo electrónico debes...

    a. ... cifrarla.
    b. ... enviarla solo a conocidos.
    c. ... poner en el asunto "Información confidencial".
    d. Todas las opciones son correctas.

Protección de archivos guardados en la nube

Contenido

Objetivos

El objetivo general de esta Unidad de Aprendizaje es:

→ Aplicar medidas de seguridad para proteger la información.

Los objetivos específicos de esta Unidad de Aprendizaje son:

→ Enumerar las ventajas y los riesgos del almacenamiento en la nube.

→ Especificar las medidas de seguridad que debe tomar la empresa en los servicios de almacenamiento en la nube.

1. Introducción

En el entorno empresarial, la **seguridad de la información** es esencial y, con la creciente adopción de **servicios en la nube,** los datos quedan más expuestos, por lo que las empresas deben priorizar la protección de datos contra amenazas cibernéticas.

Esto implica implementar **medidas de seguridad** que permitan a las empresas aprovechar los beneficios de la nube sin comprometer la seguridad de la información.

A continuación, verás las ventajas y los posibles riesgos del almacenamiento en la nube, así como las recomendaciones de seguridad que deben seguirse para proteger los archivos en la nube.

Para ello, conocerás el caso de Mytalcast, una empresa de decoración que ha creado un espacio compartido en la red, pero no ha aplicado las medidas de seguridad necesarias y se han producido accesos indebidos.

2. Pros y contras del almacenamiento en la nube

☞ **HILO CONDUCTOR**

En Mytalcast quieren crear un espacio para el almacenamiento de toda la información de la empresa y una de las opciones que barajan es el almacenamiento en la nube, pero antes de hacerlo tienen que valorar los pros y contras para decidirse por un tipo de almacenamiento u otro.

- -

El almacenamiento de información en la nube es una de las opciones más utilizadas hoy en día, porque aporta **múltiples ventajas,** pero también es importante **valorar los riesgos** que existen para tomar una decisión acertada a la hora de implantarla.

Ventajas ✓	Riesgos ✗
- Acceso remoto - Capacidad de almacenamiento - Copias de seguridad - Sincronización - Colaboración y trabajo simultáneo - Bajo coste inicial	- Pérdida de conectividad - Brechas de seguridad - Incremento de coste a largo plazo - Limitaciones de almacenamiento gratuito - Incumplimiento normativo - Problemas de privacidad

⮞ **Ventajas:**

◑ **Acceso remoto.** Puedes acceder a la información almacenada cualquier lugar, siempre que dispongas de conexión a internet, lo que facilita la colaboración y el teletrabajo.

◑ **Capacidad de almacenamiento.** Muchos proveedores ofrecen un espacio gratuito, y si lo necesitas, puedes disponer de mayor capacidad de almacenamiento contratándola con el proveedor, sin tener que cambiar tu disco duro o tu equipo.

◑ **Copias de seguridad.** Muchos servicios de almacenamiento realizan copias automáticamente, protegiéndolos de pérdidas.

◑ **Sincronización.** Los archivos de sincronizan automáticamente en todos los dispositivos conectados, garantizando que siempre se disponga de la última versión.

◑ **Colaboración y trabajo simultáneo.** Permiten compartir documentos e incluso editarlos de forma conjunta, por lo que facilita la colaboración y el trabajo en equipo.

◑ **Bajo coste inicial.** No es necesario invertir en *hardware* ni infraestructuras, por lo que el coste inicial es bajo.

⮞ **Riesgos**

◑ **Pérdida de conectividad.** Al necesitar estar conectado a internet, el acceso al servicio depende de la conectividad, que puede perderse en determinados momentos o zonas.

◑ **Brechas de seguridad.** Los datos se almacenan en servidores externos, por lo que privacidad y seguridad queda en manos de los proveedores, y aunque implementan medidas de seguridad, pueden existir brechas.

◑ **Incremento de coste a largo plazo.** Si se requiere más almacenamiento, los costes pueden incrementarse.

◑ **Limitaciones de almacenamiento gratuito.** Muchos proveedores ofrecen un espacio gratuito, pero es limitado, por lo que en una empresa es probable que se necesite actualizar a un plan de pago.

◑ **Incumplimiento normativo.** Las empresas deben cumplir una serie de normativas de protección de datos, y para ello, deben asegurarse de que el proveedor de almacenamiento en la nube seleccionado cumpla con dichos aspectos.

◑ **Problemas de privacidad.** Existe el riesgo de que personas no autorizadas accedan a datos sensibles, por lo que hay que vigilar el cumplimiento de todas las medidas de protección necesarias.

3. Recomendaciones de seguridad

 HILO CONDUCTOR

En Mytalcast, finalmente, han decidido usar el almacenamiento en la nube y todo iba bien hasta que el equipo de diseño de cocinas se quejó de que alguien de la empresa, externo a su equipo, había borrado un archivo importante. ¡Menos mal que con los servicios en la nube se pueden recuperar los archivos y versiones antiguas fácilmente!

Ya has visto que con el almacenamiento en la nube puedes acceder a tus archivos desde cualquier sitio, aunque no lleves contigo tu equipo, y no tienes que preocuparte por cuestiones como que se te estropee el ordenador o hacer copias de seguridad, pero ¿has pensado alguna vez quién gestiona el espacio en la nube que usas?

El servicio en la nube es gestionado por un proveedor externo, por lo que, en última instancia, no depende de la empresa. Por eso, la elección de **proveedores de almacenamiento en la nube** es esencial para garantizar la seguridad de la información. Fíjate en estos aspectos:

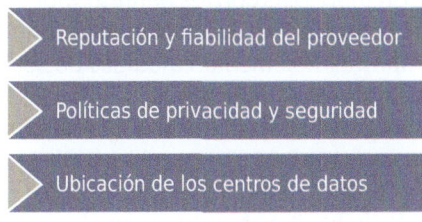

ACTIVIDAD COMPLEMENTARIA

7. Como has visto, la elección del proveedor de almacenamiento en la nube es clave para garantizar la actualidad. En la actualidad hay muchos proveedores que ofrecen estos servicios. En esta actividad deberás indicar si conoces alguno de ellos.

Los proveedores aplican medidas de seguridad en los sistemas, pero también puede haber brechas de seguridad, por lo que es importante que también desde la empresa se implementen una serie de **medidas para proteger la información:**

⊃ **Encriptar la información y ubicarla adecuadamente.** En el desarrollo del trabajo, puede manejarse información confidencial o sensible que necesite mayor protección, por lo que, a la hora de guardar un documento de este tipo en la nube, hay que valorar si es el sitio adecuado o no. En algunos casos, puede ser muy útil cifrar la información.

⊃ **Implantar la autenticación de múltiples factores.** Un aspecto esencial es el acceso, por lo que es importante que, para consultar la información, las personas autorizadas deban identificarse mediante el uso de contraseñas fuertes (que cumplan una serie de requisitos exigidos), y, si es posible, implantar la doble autenticación de dos factores (2FA). El uso de un gestor de contraseñas puede ser de gran utilidad.

Además, el propio usuario debe ser responsable de la información que maneja y tener el control de quién tiene acceso a sus archivos, de los accesos que da, etc.

⊃ **Establecer políticas de acceso basadas en roles.** No toda la información debería estar en el mismo lugar, ya que no todas las personas deberían poder acceder a toda la información de la empresa (puede haber información confidencial, de departamentos específicos, etc.). Por eso la empresa debe determinar qué espacios se van a usar y gestionar los accesos, asignando roles con los permisos adecuados en cada caso.

⊃ **Capacitar al personal en ciberseguridad.** Aunque el proveedor del servicio y la empresa implementen medidas de seguridad en los sistemas, son las personas que usan el servicio quienes deben ser responsables de su buen uso, y esto debe incluir actuar siguiendo las recomendaciones y buenas prácticas de ciberseguridad.

Para ello, las personas deben ser conscientes de la importancia y las implicaciones de la ciberseguridad para la empresa, y deben estar formadas en estos aspectos, por lo que la empresa debe promover esta formación.

IMPORTANTE

La empresa debería contar con un **plan de respuesta ante incidentes** en el que se defina el procedimiento que hay que seguir, si se produce algún ataque o incidencia relacionada con la ciberseguridad.

TAREA 9

Patricia trabaja en una pequeña empresa que solo cuenta con siete trabajadores, cada uno con su equipo de trabajo. Hace unas semanas, utilizó una memoria USB para guardar un archivo que le pasó su compañero y el equipo se infectó con *malware* que dañó el sistema e hizo que perdiera muchos datos importantes.

Desde ese momento, decidieron utilizar un servicio de almacenamiento en la nube. ¿Qué ventajas crees que este sistema puede aportarle?, ¿conlleva también algún riesgo?

Indica las ventajas y los riesgos del almacenamiento en la nube, así como las medidas de seguridad que deben tomar Patricia y el resto del equipo al usar este servicio.

---

4. Resumen

En el entorno empresarial, la **seguridad de la información** es esencial y con la creciente adopción de **servicios en la nube,** los datos quedan más expuestos, por lo que es importante saber protegerlos, ya que estos servicios aportan muchas ventajas, pero también tienen sus riesgos:

Ventajas ✓	Riesgos ✗
- Acceso remoto - Capacidad de almacenamiento - Copias de seguridad - Sincronización - Colaboración y trabajo simultáneo - Bajo coste inicial	- Pérdida de conectividad - Brechas de seguridad - Incremento de coste a largo plazo - Limitaciones de almacenamiento gratuito - Incumplimiento normativo - Problemas de privacidad

Para evitar los riesgos y las amenazas existentes, las empresas tienen que implementar una serie de **medidas de seguridad:**

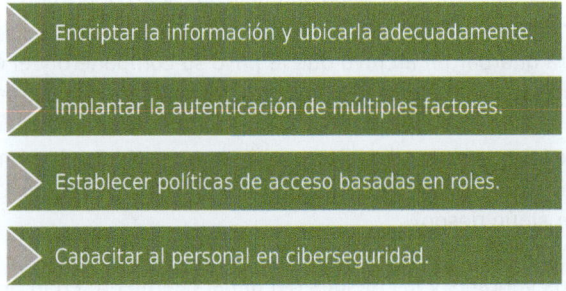

Encriptar la información y ubicarla adecuadamente.

Implantar la autenticación de múltiples factores.

Establecer políticas de acceso basadas en roles.

Capacitar al personal en ciberseguridad.

Además, deben contar con un **plan de respuesta ante incidentes** por si, a pesar de todas las medidas, se produjera algún ciberataque o incidente.

Ejercicios de autoevaluación
Unidad de Aprendizaje 9

1. **¿Cuál de las siguientes es una ventaja del almacenamiento en la nube?**

    a. Acceso remoto.
    b. Brechas de seguridad.
    c. Pérdida de conectividad.
    d. Almacenamiento gratuito limitado.

2. **Clasifica las ventajas e inconvenientes del almacenamiento en la nube:**

    a. Incremento de coste a largo plazo
    b. Capacidad de almacenamiento
    c. Pérdida de conectividad
    d. Copias de seguridad
    e. Acceso remoto
    f. Brechas de seguridad

    __ Ventajas
    __ Riesgos

3. **Clasifica las ventajas e inconvenientes del almacenamiento en la nube:**

    a. Problema de privacidad
    b. Bajo coste inicial
    c. Limitaciones de almacenamiento gratuito
    d. Sincronización
    e. Incumplimiento normativo
    f. Colaboración y trabajo simultáneo

    __ Ventajas
    __ Riesgos

4. ¿En qué aspectos debes fijarte a la hora de elegir un proveedor de almacenamiento en la nube?

   a. Reputación y fiabilidad
   b. Políticas de privacidad
   c. Ubicación de centros de datos
   d. Todas las opciones son correctas.

5. ¿Qué medidas pueden tomar las empresas para proteger la información almacenada en la nube?

   a. Establecer el acceso por roles.
   b. Usar almacenamiento de pago.
   c. No acceder desde redes púbicas.
   d. Todas las opciones son incorrectas.

Sociedad y tecnología: la sociedad red

Contenido

Objetivos

El objetivo general de esta Unidad de Aprendizaje es:

→ Conocer el papel de la tecnología en la sociedad actual.

Los objetivos específicos de esta Unidad de Aprendizaje son:

→ Enumerar las características de la sociedad red.

→ Describir las particularidades de la economía en la sociedad red.

→ Determinar los peligros de la sociedad red.

→ Identificar las tendencias tecnológicas y digitales actuales.

1. Introducción

Hoy en día prácticamente todas las personas y empresas tienen presencia en la red, así como los servicios, ya sean públicos o privados, a los que puede acceder la ciudadanía.

Podría decirse que es un reflejo de la sociedad física, en la que se encuentran los equivalentes telemáticos. Pero va incluso un paso más allá, ya que incluso hay servicios que solo se pueden encontrar en la red. Y es que estamos en una sociedad que se ha configurado y estructurado alrededor de las tecnologías: la **Sociedad Red,** una sociedad que **trasciende fronteras y culturas.**

Por lo tanto, es casi imprescindible que una empresa que quiera tener éxito esté presente en la red y, desde ahí, se dé a conocer y se consiga la confianza de las personas consumidoras que la trasladarán al plano físico.

Pero no solo los **servicios básicos y cotidianos** (asistencia sanitaria, trámites con la administración, compras, etc.) están en la red, también están presentes **la educación, la cultura y el entretenimiento** que tienen un lugar destacado.

A continuación, conocerás las características de esta sociedad, así como los peligros que conlleva y el futuro hacia el que se encamina.

Para ello, conocerás el caso de Mytalcast, una empresa de decoración que cuenta con una exitosa presencia en la red desde hace algún tiempo y está viendo los beneficios de esto reflejados en su evolución y desarrollo.

2. La sociedad red

 **HILO CONDUCTOR**

En Mytalcast cuentan con una exitosa presencia en la red desde hace algún tiempo y esto ha hecho que la empresa crezca considerablemente. Sin embargo, han tenido que adaptarse a esta nueva situación invirtiendo mucho tiempo y recursos en sus comunicaciones en la red, un aspecto esencial en la sociedad actual y que ha sido especialmente relevante en la consecución del éxito que experimentan.

La **revolución de internet y el afianzamiento de las tecnologías** han hecho que reconfiguremos nuestras vidas, nuestras relaciones y estructuras sociales para tener cabida en este nuevo contexto.

Esa configuración social desarrollada alrededor de las **redes basadas en las tecnologías de la información** es lo que se conoce como Sociedad Red, cuyas características difieren mucho de las de la sociedad tradicional.

2.1. Características de la sociedad red

Estos son los **aspectos más característicos** de la sociedad red:

- **Conectividad.** En la sociedad red, las personas, los dispositivos y los sistemas están interconectados mediante las comunicaciones digitales. La comunicación es prácticamente instantánea y el intercambio de información se produce a nivel global, en todo el mundo, lo que da lugar a una nueva forma de acceder a la información, relacionarse, participar y colaborar.
- **Relaciones sociales.** En la sociedad red, las relaciones sociales se caracterizan por su naturaleza digital, descentralizada e interconectada. Las interacciones se producen a través de redes sociales, plataformas y otros medios digitales, lo que facilita la comunicación instantánea y constante entre personas de distintos países y culturas.
- **Comunicación.** Las redes sociales, tan propias de la sociedad red, han transformado las relaciones al permitir la comunicación instantánea y global. Facilitan la conexión entre personas y la difusión rápida de la información, aunque también han generado cambios y han hecho necesario tener en especial consideración aspectos como la privacidad y la autenticidad de las interacciones.
- **Flujos de información.** En la sociedad red, la información se distribuye muy rápidamente y de forma constante a través de una gran diversidad de fuentes, lo que da lugar a una información instantánea, actualizada y accesible para todo el mundo. Sin embargo, dada la gran cantidad de información, es importante verificar la validez y fiabilidad de las fuentes.
- **Configuración de la identidad.** En la sociedad red, la tecnología influye en la configuración de la identidad individual y colectiva. De forma individual, facilita la expresión personal y la participación en comunidades virtuales gracias a la disposición de herramientas digitales. De forma colectiva, esta tecnología fomenta la formación de grupos en línea y movimientos sociales.
- **Economía.** La sociedad en red ha influido notoriamente en la economía, **transformando la forma de trabajar,** gracias al acceso al uso de las tecnologías y la información. Algunos **aspectos característicos** de esta

nueva economía son la prevalencia del trabajo independiente, las transacciones instantáneas, la existencia de modelos de negocio ágiles e innovadores, y de nuevas formas de producción, distribución y consumo.

3. Peligros en la sociedad red

☞ HILO CONDUCTOR

Mercedes aprecia todas esas ventajas que hay en la actualidad, aunque también siente cierto recelo hacia el comercio *online*, ya que no domina bien las tecnologías y no ve claro eso de introducir datos personales en la red.

Aunque la sociedad red facilita muchos aspectos de la vida diaria, también trae consigo una serie de **peligros** que hay que tener en cuenta:

- La pérdida de privacidad, debido a la difusión de datos personales en línea.
- La ciberdelincuencia, que amenaza la seguridad digital.
- La divulgación de noticias falsas y desinformación.
- La adicción a las redes sociales e internet en general.
- La brecha digital, que puede excluir a ciertos colectivos.
- Los posibles problemas de salud mental que pueden ocasionarse por la dependencia excesiva de la tecnología.
- Los desafíos éticos que pueden plantearse con el uso de la información o la inteligencia artificial.

Es muy importante saber identificar los peligros de la sociedad red para poder evitarlos.

4. El futuro de la sociedad red

👉 **HILO CONDUCTOR**

Mytalcast sigue su avance y adaptación a los nuevos tiempos, incluyendo en la empresa las últimas novedades del mercado en cuanto a apoyo tecnológico.

En este sentido, Pedro, el gerente, ha puesto en marcha un piloto para incorporar una aplicación de inteligencia artificial que les ayude en el proceso de diseño de los productos.

La sociedad red está cada vez más afianzada y en continuo avance. Las **tendencias actuales** apuntan hacia una mayor **interconexión digital,** así como hacia avances en los campos en los que se está trabajando actualmente y una mayor **expansión e integración** de dichas tecnologías en la vida cotidiana:

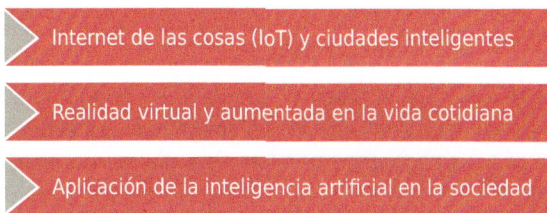

> Internet de las cosas (IoT) y ciudades inteligentes

> Realidad virtual y aumentada en la vida cotidiana

> Aplicación de la inteligencia artificial en la sociedad

Además, se espera que estén dirigidos hacia la creación de **soluciones más adaptables y personalizadas,** prestando mayor atención a la **ética digital, la ciberseguridad y la sostenibilidad.**

La **colaboración y la participación** en la toma de decisiones a través de plataformas digitales de participación ciudadana también pueden ser aspectos clave en el futuro de la sociedad en red.

PARA SABER MÁS

Consulta el *Informe Sociedad Digital en España 2023* para ver los principales cambios y tendencias tecnológicas accediendo desde aquí:

https://redirectoronline.com/adgg105po1001

- -

TAREA 10

Sergio es un hombre mayor que no domina las tecnologías y siente rechazo hacia todo lo relacionado con ellas. Últimamente, muchas de las cosas que debe hacer en su vida diaria le obligan a utilizarlas, por lo que va a tener que acostumbrarse a ellas.

Continúa en página siguiente >>

<< Viene de página anterior

Para hacerle más fácil el proceso, su hija lo ha apuntado al programa de formación y concienciación "Tecnologías amigables", en el que adquirirá las competencias básicas necesarias para su día a día, así como la actitud adecuada hacia ellas.

Si tuvieras que incluir en el programa el contenido necesario para fomentar en Sergio esa actitud y darle a conocer el contexto y la sociedad en la que tiene que desenvolverse, ¿qué incluirías?

Determina los contenidos que tendría que conocer Sergio para obtener una visión general y amigable de la sociedad actual, la sociedad red. Para ello, indica cuáles son sus características y las tendencias que se siguen actualmente, además de los peligros de los que hay que saber protegerse.

---

5. Resumen

La sociedad en red es aquella que se estructura alrededor de las **redes basadas en las tecnologías de la información.** Se caracteriza por lo siguiente:

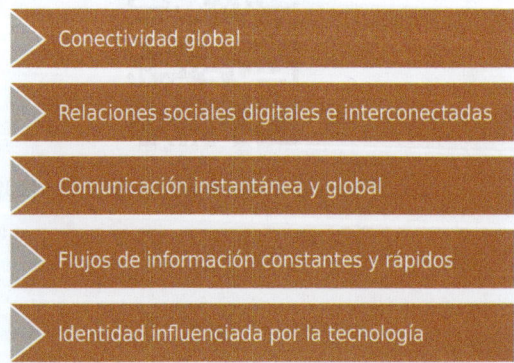

- Conectividad global
- Relaciones sociales digitales e interconectadas
- Comunicación instantánea y global
- Flujos de información constantes y rápidos
- Identidad influenciada por la tecnología

Además, el uso de la tecnología que en ella se hace ha propiciado grandes **cambios en la economía:** prevalencia del trabajo independiente, transacciones instantáneas, modelos ágiles e innovadores y nuevas formas de producción, distribución y consumo.

Y sigue en continuo avance, desarrollando las **tendencias actuales,** como internet de las cosas (IoT), la realidad virtual y aumentada, y la aplicación de la Inteligencia artificial en la sociedad.

Pero, aunque la sociedad red facilita muchos aspectos de la vida diaria, también trae consigo una serie de **peligros** que hay que tener en cuenta:

Ejercicios de autoevaluación
Unidad de Aprendizaje 10

1. La configuración social desarrollada alrededor de las redes basadas en las tecnologías de la información es lo que se conoce como...

    a. ... sociedad de la información.
    b. ... sociedad de las nuevas tecnologías.
    c. ... sociedad red.
    d. ... *World Wide Web.*

2. ¿Cuál de los siguientes es un aspecto característico de la sociedad red?

    a. Conectividad
    b. Aislamiento
    c. Medios analógicos
    d. Individualidad

3. ¿Cuál de los siguientes es un peligro de la sociedad red?

    a. Conectividad
    b. Aislamiento
    c. Problemas de salud mental
    d. Falta de comunicación

4. ¿Cuál de los siguientes no es un peligro de la sociedad red?

    a. Conectividad
    b. Pérdida de privacidad
    c. Problemas de salud mental
    d. Ciberdelincuencia

5. ¿Cuál de las siguientes no es una tendencia de la sociedad red?

    a. Internet de las cosas
    b. Realidad virtual
    c. Inteligencia artificial
    d. Soluciones más colectivas y generalistas

Uso seguro y crítico de internet

Contenido

Objetivos

El objetivo general de esta Unidad de Aprendizaje es:

→ Navegar de manera segura y crítica en el entorno digital.

Los objetivos específicos de esta Unidad de Aprendizaje son:

→ Enumerar los riesgos derivados del uso de internet para la empresa.

→ Identificar las pautas básicas de seguridad que deben aplicarse en la empresa.

→ Evaluar críticamente la información en línea, fomentando así una participación informada y responsable.

1. Introducción

Para poder desenvolverse en la sociedad actual y tener cabida en el mundo laboral, las personas deben adquirir **competencias digitales** y, para ello, deben formarse en diferentes áreas: información, comunicación, creación de contenido, seguridad y resolución de problemas (establecidas en el marco DIGCOMP).

Pero esa formación no debe ir encaminada solo a formar operativamente, sino también en el **uso coherente y seguro** de las tecnologías, esencial para saber evitar los riesgos que estas conllevan.

En el entorno empresarial, **los riesgos son a menudo más altos,** debido al valor de la información manejada, por lo que el uso seguro y crítico de internet es esencial para proteger los activos, la información y la reputación de la organización, garantizando que los empleados utilicen los recursos de la web de forma eficiente y segura.

A continuación, verás cuáles son los principales riesgos existentes y cómo usar de forma crítica y segura la información.

Para ello, conocerás el caso de Mytalcast, una empresa de decoración que ha afianzado su presencia en internet y quiere que sus trabajadores están formados en ciberseguridad. Para ello, van a poner en marcha una campaña de concienciación periódica.

2. Riesgos en el uso de internet

 HILO CONDUCTOR

En Mytalcast llevaron a cabo una campaña de formación y concienciación en ciberseguridad que resultó todo un éxito, pero frecuentemente llegan nuevas incorporaciones a la empresa y han detectado que, en muchos casos, esas personas actúan poniendo en peligro la ciberseguridad y la información de la empresa.

Los riesgos asociados al uso de internet y las tecnologías siempre están presentes, pero, en el caso de las empresas estos suelen ser mayores debido al **valor y el tipo de información** que manejan (en muchos casos, incluso clasificada).

Los **riesgos más habituales** en la empresa son estos:

> Ataques de *phishing* corporativo

> Ataques de *ransomware*

> APT (amenazas persistentes avanzadas)

> Espionaje industrial y robo de propiedad intelectual

> Desinformación dirigida a empresas

Es importante establecer pautas y restricciones para los trabajadores, ya que estos son muchas veces los que hacen posible los ataques, aunque sea de manera inconsciente.

3. Pautas básicas de seguridad en la empresa

☞ HILO CONDUCTOR

Para poner fin a esa situación, quieren implantar el programa de forma periódica, así servirá tanto para que las nuevas incorporaciones sepan cuáles son

Continúa en página siguiente >>

<< Viene de página anterior

las pautas que deben seguir como para recordar y mantener informado de las últimas novedades a todo el personal.

- -

Para proteger a la empresa de esos riesgos, es importante formar a los trabajadores en el uso seguro de internet y las tecnologías, que sigan unas **pautas de seguridad** en el desempeño de sus funciones y que sepan reconocer las señales de peligro para poder evitar los riesgos.

Algunas de las pautas que deben seguir son estas:

⮂ Identificación:

- Usa contraseñas seguras (fuertes, no obvias, diferentes según la aplicación, etc.).
- No compartas tus contraseñas con nadie.
- Usa doble factor de autenticación.
- Antes de identificarte en un sitio, verifica que el enlace sea el correcto.

⮂ Accesos remotos:

- Fuera de la red de la empresa, conéctate mediante VPN.
- Usa protocolos de navegación seguros.

⮂ Difusión de información:

- No dejes a la vista la pantalla de tus equipos y dispositivos.
- No compartas información sensible por correo electrónico y, si lo haces, cífrala antes.
- Cumple con la normativa y regulación vigente sobre protección de datos.

⮂ Uso del correo:

- En correos sospechosos, no pulses en los enlaces que contengan ni descargues los archivos adjuntos.
- Verifica que el remitente del *e-mail* que has recibido es quien dice ser.
- No des información personal por correo electrónico.

⮂ Uso del equipo:

- No uses el mismo equipo con fines personales y profesionales.

◉ Aplica en tus equipos todas las actualizaciones y parches de seguridad.

◉ Realiza copias de seguridad periódicas.

IMPORTANTE

Si sospechas que se ha producido algún incidente o ataque de ciberseguridad, notifícalo a la empresa para que puedan actuar lo antes posible.

---

4. Uso crítico de la información

☞ HILO CONDUCTOR

El programa ha resultado ser de gran utilidad para los trabajadores, ya que, en muchos casos, son ellos los que hacen posible que los ataques tengan éxito porque se descargan archivos indebidamente, pulsan en enlaces que reciben al correo, etc., aunque no lo hacen intencionadamente, sino por descuido o desconocimiento sobre cómo comportarse.

Para minimizar las probabilidades de que eso ocurra, en Mytalcast, además de la formación y la concienciación, están estudiando poner en marcha otras acciones, como limitar los accesos por roles o implantar protocolos y medidas de conexión que garanticen la seguridad.

En muchos casos, los trabajadores creen toda la información que reciben sin cuestionarla (noticias en internet, correos de desconocidos que reciben, etc.), y cometen **actuaciones imprudentes** por no valorar de forma crítica las situaciones, lo que implica grandes riesgos.

Por esto motivo, es esencial que valores de forma crítica la información que te llega: **evalúa las fuentes y verifica los hechos.** De esta forma, evitas la desinformación y el sesgo en la toma de decisiones.

Otro de los aspectos en los que esto puede influir es en la reputación *online* de la empresa. Para evitarlo, hay que usar de forma segura y responsable de **plataformas sociales corporativas,** valorando cada situación antes de actuar y participar en ellas

El desconocimiento no te exime de tus responsabilidades, eres responsable de los riesgos y daños que ocasiones a la empresa por tus acciones.

Por su parte, para evitar descuidos o riesgos derivados de las acciones de los trabajadores, es necesario que **las empresas también implanten las medidas** necesarias:

- ⮊ **Establecimiento de procedimientos para velar por el cumplimiento de las normas.** La empresa velará por que los empleados cumplan las normas y políticas establecidas sobre conducta digital (políticas de uso, netiqueta, etc.). Para ello, implantará mecanismos de supervisión y podrá establecer exigir responsabilidades y aplicar sanciones, en caso de ser necesario.
- ⮊ **Implantación de *software* de seguridad.** La empresa implantará el uso de herramientas y *software* que favorezca la seguridad: aplicaciones en la nube con acceso por roles, protocolos de copias de seguridad y recuperación de datos, uso de VPN, antivirus, etc.
- ⮊ **Fomento de una cultura de ciberseguridad.** La empresa fomentará la adopción de una cultura de ciberseguridad mediante acciones de concienciación y formación periódica para empleados, simulacros y pruebas de ataques, etc.

TAREA 11

Eloy ha comenzado a trabajar en una empresa y ya en su primera semana ha cometido un grave error: abrir un correo de un desconocido y pulsar en el enlace que contenía.

Ahora no sabe qué hacer, se ha dado cuenta de su error, pero teme las sanciones disciplinarias y consecuencias para su empleo. ¿Qué crees que ha pasado exactamente?, ¿cómo crees que debería actuar Eloy?

Describe los principales riesgos derivados del uso de internet a los que se enfrenta la empresa y cómo debería actuar Eloy en este caso, además de las pautas de seguridad y recomendaciones que debería seguir para evitar más incidentes.

----

5. Resumen

Los riesgos asociados al uso de internet y las tecnologías siempre están presentes, pero, en el caso de las empresas, estos suelen ser mayores, debido al **valor y el tipo de información** que manejan.

Estos son los principales riesgos a los que se enfrentan:

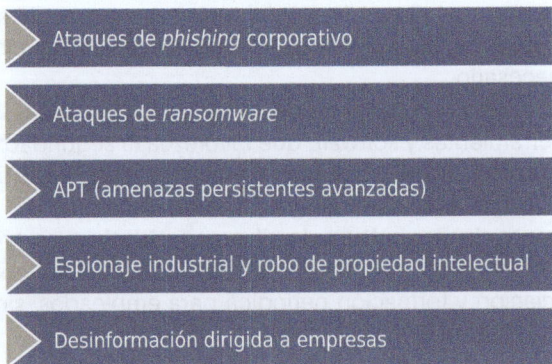

Para evitarlos, es necesario seguir unas **pautas básicas de seguridad:**

- ⊃ Usar contraseñas seguras y que nadie más conozca.
- ⊃ Antes de identificarse en un sitio, verificar que el enlace sea el correcto.

- Fuera de la red de la empresa, conectarse mediante VPN.
- Usar protocolos de navegación seguros.
- No compartir información de la empresa ni dejar a la vista la pantalla del equipo.
- En correos sospechosos, no pulsar en los enlaces que contengan ni descargar los archivos adjuntos.
- Verificar que el remitente del *e-mail* recibido es quien dice ser.
- No dar información personal por correo electrónico.
- No usar el mismo equipo con fines personales y profesionales.
- Aplicar todas las actualizaciones y parches de seguridad.
- Realizar copias de seguridad periódicas.
- Evaluar las fuentes y verificar los hechos antes de dar validez a la información.
- Usar de forma segura y responsable de plataformas sociales corporativas.

Por su parte, la empresa deberá implantar una serie de medidas que la ayuden a protegerse:

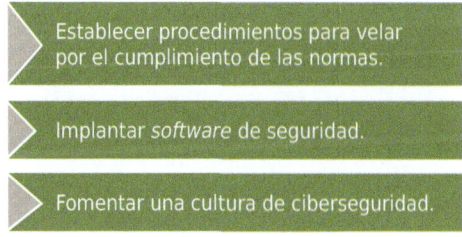

Establecer procedimientos para velar por el cumplimiento de las normas.

Implantar *software* de seguridad.

Fomentar una cultura de ciberseguridad.

Ejercicios de autoevaluación
Unidad de Aprendizaje 11

1. Los riesgos más habituales en la empresa son...

    a. ... *phishing* corporativo y APT.
    b. ... espionaje industrial.
    c. ... robo de propiedad intelectual.
    d. Todas las opciones son correctas.

2. ¿Cuál de las siguientes pautas de seguridad hay que seguir con relación a las conexiones?

    a. No conectarse nunca desde fuera de la organización.
    b. Si es necesario conectarse desde fuera de la organización, debe ser desde casa.
    c. Si es necesario conectarse desde fuera de la organización, hay que hacerlo mediante VPN.
    d. Conectarse a redes púbicas como máximo una hora.

3. ¿Cuál de las siguientes no es una pauta de seguridad en la empresa?

    a. No conectarse nunca desde fuera de la organización.
    b. Realizar copias de seguridad periódicas.
    c. Verificar los remitentes de los correos recibidos.
    d. Aplicar actualizaciones y parches de seguridad.

4. ¿Cuál de las siguientes es una pauta de seguridad en la empresa?

    a. No conectarse nunca desde fuera de la organización.
    b. Compartir las contraseñas con los compañeros.
    c. Las copias siempre hay que solicitarlas al Departamento de Informática.
    d. Aplicar actualizaciones y parches de seguridad.

5. **Para evitar riesgos derivados del comportamiento de los trabajadores, la empresa debe...**

   a. ... establecer procedimientos para velar por el cumplimiento de las normas.
   b. ... contratar solo a personal bien preparado.
   c. ... despedir a quien no sea cuidadoso.
   d. Todas las opciones correctas.

Glosario

Actividad en línea
Historial de la actividad en línea de una persona, como registros de acceso, comportamiento en la web, publicaciones, noticias, comentarios, etc.

APT (amenazas persistentes avanzadas)
Técnica de ciberataque consistente en acceder a un sistema y permanecer allí durante un tiempo, avanzando por él.

Autenticación de dos factores (2FA) o múltiples factores (MFA)
Sistema que consiste en el requerimiento de un segundo método de verificación al identificarse en una aplicación o sitio, como el envío de un código al móvil o al correo, lo que hace que se añada mayor seguridad.

Big data
Conjunto de datos complejos y de mayor tamaño para cuyo tratamiento se necesitan aplicaciones informáticas, ya que no es posible hacerlo con técnicas tradicionales.

Brecha digital
Desigualdad existente entre la población para el acceso y manejo de las tecnologías, ya sea por motivos económicos o por falta de competencias digitales.

Buscadores específicos
Motores de búsqueda que se especializan en temáticas específicas, como los buscadores académicos o los buscadores de empleo.

Buscadores generalistas
Motores de búsqueda con los que puedes buscar cualquier tipo de información, como *Google Search* o *Bing*.

Certificado digital
Documento electrónico utilizado para verificar la autenticidad de una organización.

Ciberseguridad
Medidas diseñadas para proteger los sistemas y dispositivos informáticos, así como los datos que almacenan, de amenazas y ataques cibernéticos, con el fin de garantizar la confidencialidad, la integridad y la disponibilidad de la información.

Competencias digitales
Conjunto de conocimientos, habilidades y capacidades necesarias para utilizar de manera efectiva las tecnologías digitales en diversos contextos.

Conceptos
Unidades básicas de información que representan ideas y se suelen expresar mediante palabras o frases cortas. Se representan dentro de recuadros o elipses en los mapas conceptuales.

Conectores
Elementos gráficos que se usan para establecer conexiones visuales entre conceptos y representan las relaciones y los vínculos entre los conceptos de forma organizada. En los mapas conceptuales se usan conectores como líneas y flechas.

Credenciales de acceso
Cualquier elemento que se utilice para verificar la identidad del usuario. La más habitual es la contraseña, que es una clave, pero también hay códigos de seguridad, patrones o respuestas a preguntas de seguridad.

Fake new
Noticias falsas que circulan por internet y que, gracias a las redes sociales, se difunden y propagan con gran facilidad.

Firma digital
Firma de la persona para entornos en línea, con la que se verifica su identidad.

Fuentes audiovisuales
Recursos o documentos que presentan la información en formato multimedia, mediante vídeo y/o audio. Ejemplos: vídeos, grabaciones, películas.

Fuentes directas
Fuentes de información que han protagonizado o tienen contacto directo con el tema de interés.

Fuentes electrónicas
Recursos o documentos que presentan la información en medios digitales. Ejemplos: sitios webs, *e-books,* periódicos electrónicos.

Fuentes estadísticas
Fuentes de información en las cuales la información se recoge y presenta mediante datos cuantitativos.

Fuentes externas
Fuentes de información que proceden de fuera de la organización.

Fuentes gráficas
Recursos o documentos que presentan la información mediante una representación gráfica y visual. Ejemplos: fotografías, mapas, gráficos.

Fuentes históricas
Fuentes de información en las cuales la información procede de documentos u otros elementos de períodos históricos concretos.

Fuentes impresas
Recursos o documentos que presentan la información impresa en papel. Ejemplos: libros, revistas, periódicos, folletos.

Fuentes indirectas
Fuentes de información que ofrecen información sobre el tema de interés, sin haber tenido contacto directo con él.

Fuentes internas
Fuentes de información que proceden de dentro de la organización, que han sido producidas o utilizadas por ella.

Fuentes legales
Fuentes de información en las cuales la información procede de leyes, reglamentos, códigos, sentencias.

Fuentes oficiales
Fuentes de información en las cuales la información procede de documentos emitidos por instituciones gubernamentales u oficiales.

Fuentes orales
Fuentes de información en las cuales se obtiene la información mediante el relato de una o varias personas, de forma hablada. Ejemplos: entrevistas, discursos, charlas.

Fuentes primarias

Recursos o documentos que presentan información original o sin procesar, que no ha sido sometida a ningún tipo de interpretación ni análisis tras su generación. Ejemplos: diarios, cartas entrevistas, actas, resultados de experimentos, fotografías.

Fuentes secundarias

Recursos o documentos que ofrecen una interpretación o análisis basado en la información de las fuentes primarias, haciendo una revisión sobre estas. Ejemplos: artículos, libros de texto, ensayos, críticas literarias o artísticas.

Fuentes terciarias

Recursos o documentos que recopilan y resumen información de fuentes primarias y secundarias, y la presentan de forma organizada. Ejemplos: enciclopedias, índices, manuales, mapas conceptuales, bibliografías.

Herramientas de verificación

Herramientas que ayudan a detectar la información falsa y evitar su propagación.

Identidad digital

Conjunto de la información sobre un individuo o una organización expuesta en internet (datos personales, imágenes, registros, noticias, comentarios, etc.) que conforma una descripción de dicha persona en el plano digital. (*Guía para usuarios: identidad digital y reputación online,* INTECO).

Identificador

Cualquier elemento que sirva para identificar a una persona o empresa en línea, como el nombre de usuario, una dirección de correo electrónico o un número de identificación.

Información de terceros

Datos sobre una persona o empresa provenientes de la actividad de otra persona, como sus comentarios, la información en sus perfiles de redes sociales o las verificaciones de identidad proporcionadas por servicios externos.

Información personal

Datos de la persona, como el nombre y los apellidos, la fecha de nacimiento, la dirección o el número de teléfono.

Inteligencia artificial

Tecnología diseñada para realizar operaciones que se consideran propias de los seres humanos, siendo capaces de imitar su manera de aprender e, incluso, razonar.

Internet de las cosas (IoT)

Red de objetos físicos capaces de conectarse y comunicarse entre sí o en la nube gracias al uso de internet. Ejemplo: horno, alarma, luz, asistente virtual, etc.

Malware

Consiste en la instalación de *software* malicioso en los equipos informáticos sin que la persona lo sepa. Con esto, se daña el dispositivo o se roba información con la que, incluso, se chantajea a las personas atacadas.

Mapa conceptual

Herramienta gráfica que permite organizar y representar el conocimiento. Incluye conceptos, usualmente encerrados en círculos o cajitas de algún tipo, y relaciones entre conceptos indicados por una línea conectiva que une los dos conceptos.

Marco DIGCOMP

Es el Marco de Competencias Digitales para la Ciudadanía, un documento que identifica y describe las áreas clave de las competencias digitales.

Monitorización

Proceso mediante el cual se recaba información de una persona, empresa o marca para conocer cómo es percibida.

Netiqueta

Conjunto de reglas que indican la forma adecuada de comportarse y comunicarse en internet.

Nube

La informática en la nube o *cloud computing* hace referencia a un modelo en el que el acceso a los servicios informáticos se realiza a través de internet, pudiendo así tener disponibilidad de espacios, aplicaciones y recursos sin necesidad de tener infraestructura local.

Onboarding

Proceso de acogida, incorporación e integración de un nuevo empleado al llegar a la empresa.

Palabras enlace

Palabras o frases cortas que se utilizan para expresar las relaciones entre conceptos. Se representan situadas junto a los conectores en los mapas conceptuales.

Phishing

Estafa diseñada para obtener información confidencial. Mediante el envío de correos electrónicos fraudulentos, se suplanta la identidad de una persona o entidad conocida y se solicita información, como el número de tarjeta de crédito, claves de acceso, datos de cuentas bancarias u otros datos personales.

Ransomware

Tipo de *malware* que consiste en inutilizar partes del sistema operativo o archivos del equipo con la finalidad de pedir un rescate económico a cambio de restaurar las partes dañadas.

Realidad aumentada

Proceso que permite agregar elementos virtuales a nuestro entorno real y también da acceso a ellos mediante el uso de dispositivos tecnológicos.

Realidad virtual

Proceso que permite crear un mundo virtual, que oculta al real, y al que se puede acceder con el uso de dispositivos tecnológicos.

Reputación *online*

Forma en que los demás te ven en internet.

Sistemas de alerta

Herramientas que permiten a los usuarios recibir notificaciones en tiempo real sobre eventos, noticias, cambios o cualquier otro tipo de información relevante para ellos.

Smishing

Técnica similar al *phishing*, pero los datos se obtienen mediante SMS (mensaje de texto). Con esto se descarga un programa con el que se accede y controla el dispositivo.

Sociedad red

Sociedad que se ha configurado y estructurado alrededor de las tecnologías de la información.

Software

Parte intangible de un equipo informático, formada por el conjunto de programas, aplicaciones, instrucciones y datos que hacen que este funcione.

Spyware
Tipo de *software* que se instala en los dispositivos con el objetivo de recopilar y enviar información de estos.

Suplantación de identidad
Proceso consistente en usar de forma no autorizada los datos de otra persona para hacerse pasar por ella con fines malintencionados.

VPN
Es una red privada virtual, una extensión de la red de área local que permite conectarse de forma segura a una red pública o no controlada, como internet.

Bibliografía

Textos electrónicos, bases de datos y programas informáticos

→ *Ciberseguridad en la identidad digital y la reputación online: guía de recomendaciones para las empresas,* de: <https://www.incibe.es/empresas/blog/ciberseguridad-en-la-identidad-digital-y-la-reputacion-online-guia-de-recomendaciones>.

Guía que proporciona pautas y recomendaciones orientadas a proteger la identidad digital y la reputación online de las empresas.

→ *CmapTool,* de: <https://cmap.ihmc.us/>.

Herramientas para la construcción de mapas conceptuales.

→ *Dialnet,* de: <https://dialnet.unirioja.es/>.

Portal de difusión que proporciona acceso libre a contenidos científicos, principalmente en español.

→ *DigComp 2.2: The Digital Competence Framework for Citizens - With new examples of knowledge, skills and attitudes,* de: <https://publications.jrc.ec.europa.eu/repository/handle/JRC128415>.

Documento del Marco de Competencias Digitales para la Ciudadanía.

→ *DigComp 2.2 Marco de Competencias Digitales para la Ciudadanía,* de: <https://somos-digital.org/wp-content/uploads/2022/04/digcomp2.2_castellano.pdf>.

Documento del Marco de Competencias Digitales para la Ciudadanía en castellano.

→ *El fact checking. Las agencias de verificación de noticias en España,* de: <<https://www.ieee.es/Galerias/fichero/docs_opinion/2020/DIEEEO89_2020FERROJ_agencias.pdf>.

Artículo en el que se explican qué son las *fact checking* y se recopilan las agencias existentes en España.

→ Evaluación de ciberamenazas en el panorama español, de: <https://services.hosting.augure.com/Response/cJOx0/%7B48b006ca-94cb-45cf-9908-3bbadac28d45%7D>.

> Informe en el que se analiza el panorama de la ciberseguridad en España y se analizan las tendencias más importantes en los últimos meses.

→ *Fuentes de información especializadas,* de: <https://ccdoc-fuentesespecializadas.blogspot.com/2015/03/05-tipologia-documental-de-las-fuentes.html>.

> Artículo en el que se describen las características de los distintos tipos de fuentes de información.

→ *Google Alerts,* de: <https://www.google.com/alerts>.

> Sistema de alertas de *Google.*

→ *Guía para el cifrado de información,* de: <https://osi.us.es/sites/osi/files/doc/seguridad/guias/guia_cifrado_informacion.pdf>.

> Guía en la que se muestra cómo cifrar documentos, las comunicaciones o todo el disco duro.

→ *Guía para usuarios: identidad digital y reputación online,* de: <https://www3.gobiernodecanarias.org/medusa/ecoblog/ajimmor/files/2013/05/guia_identidad_reputacion_usuarios.pdf>.

> Guía en la que se dan pautas para ayudar a construir su imagen en el entorno virtual.

→ Informe Sociedad Digital en España 2023, de: <https://www.fundaciontelefonica.com/cultura-digital/sociedad-de-la-informacion/2023/?_ga=2.104054211.219795923.1682320685-779134094.1679913367&_gl=1*1nxpsp0*_ga*Nzc5MTM0MDk0LjE2Nzk5MTMzNjc.*_ga_WMMSFD0TG3*MTY4MjY3Mjg2NS45Ny4wLjE2ODI2Nzl4NjUuMC4wLjA>.

> Informe en el que se describen los principales cambios y tendencias tecnológicas en España.

→ NOVAK, J. D.; CAÑAS, Alberto J.: *La teoría subyacente a los mapas conceptuales y a cómo construirlos* 1, 2. Reporte Técnico IHMC CmapTools [Internet], p. 1-37, 2006, de: <https://cmap.ihmc.us/docs/pdf/teoriasubyacentemapasconceptuales.pdf>.

> Documento en el que analizan los fundamentos de los mapas conceptuales y su proceso de construcción.

→ Tutorial: Introducción a la creación en el servicio *Power BI,* de: <https://learn.microsoft.com/es-es/power-bi/fundamentals/service-get-started>.

> Tutorial para quienes quieren comenzar a utilizar *Power BI,* una de las plataformas de análisis de datos más popular.